KB115927

노동정책의 배신

정권은 떠나면 그만이지만 미안하지도 않은가

노동정책의 배신

김명수 지음

모아북스
MOABOOKS

'저녁이 있는 삶' 보다
'저녁을 먹을 수 있는 삶'

국민소득이 3만 불을 넘었고, 유엔무역개발회의_{UNCTAD}에서 제68차 이사회에서 만장일치로 대한민국을 선진국 대열로 인정하였다. 그럼에도 아직도 우리는 저녁을 먹을 수 있게 해 준 것에 머물러 있어야만 하는가? 과연 우리는 오늘 저녁 어떤 메뉴를 어떤 마음으로 먹어야 할까. 여전히 저녁을 먹을 수 있음에 기뻐하고, 감사해야만 하는가. 저녁이 주는 의미는 오늘 하루도 수고한 당신은 마땅히 정성 가득한 한 끼를 대접받고, 이를 통해 오늘의 묵은 피로와 스트레스를 날리고, 또 내일을 위한 힘을 얻을 수 있는 귀한 시간과 음식을 말한다. 지금껏 정부가 추진해 온 우리의 노동정책은 과연 우리에게 이러한 시간과 음식을 만족하게 제공해 주었는지 묻고 싶다?

그동안 정부가 추진해 왔던 최저임금제, 주52시간제, 중대재해기업처벌법 등의 노동정책은 과연 누구를 위한 정책이었던가? 집권초기 최저임금의 급격한 인상은 중소상공인이나 영세자영업자들의 경영난을 초래하였고, 이 와중에 코로나19 까지 발생하면서 이들은 극한 한계에 몰렸다. 이는 오히려 고용 악화로 인하여 최악의 취업난으로 이어졌으며, 역설적이게도 집권후기에는 가장 낮은 최저임금 인상률 기록을 남기며 급제동이 걸린 모양새를 보이고 있다.

정부는 노동자를 위한 노동정책을 강조하며, 강하게 추진하여 왔으나, 이를 감당해야 할 몫은 결국 영세 소상공인들이나 자영업자들, 그리고 노동자에게 돌아가게 되었다. 진정으로 책임을 감당하고 부담해야 할 대기업이나 공기업 등은 현 정책으로 인하여 크게 문제가 되지 않았다. 과연 결과는 누구를 위한 정책이었으며, 그 결과는 무엇인가. 정부는 우리네 노동현실을 제대로 직시하고 노동정책을 입안했는지 다시 한 번 되묻고 싶다.

최저임금은 일률적 · 획일적으로 정할 문제가 아니라 지역별 · 직종별 · 고용규모별 특수성을 감안하여 차별적으로 인상을 해야 형평성에 맞을 것이고, 노사상생의 측면에서 보다 양측에서 이를 수용할 수 있을 것이다.

또한, 주 52시간 근로제 등 노동시간 단축으로 일자리 50만 개를 창출하겠다는 공약 또한 모순 덩어리였다. 생산성이 낮은 상황에서 노동시간만 줄인다면 기업경쟁력은 저하될 수밖에 없고, 결국 이로 인해 기업은 도산에 직면하게 되는 것이다.

산업특성에 맞게 노동시간 단축을 유연하게 적용해주는 보완책이 없다면 이러한 획일적 정책은 부작용으로 인하여 결국 노동시장에 그 피해가 나타날 수밖에 없다.

반복적인 중대재해로 인해 끊임없이 발생되는 노동자의 사망소식에 가족들과 우리 국민의 가슴이 무너지고 있다. 어이없는 노동자의 죽음 앞에 우리는 무엇을 할 수 있었을까.

이에 대한 대책 중 중대재해기업처벌법은 그 의미가 무색하게 구색만 갖추고 있는 형색이다. 산재사망사고는 대부분 50인 미만 사업장에서 발생하지만, 시행자체를 3년이나 유예시키고 5인 미만 사업장은 아예 제외를 시켜 알맹이 빠진 법이 되어 버린 것이다. 즉, 이 법에 따르면 대기업 경영책임자들은 형사책임과 징벌적 손해배상책임과 관련하여 미꾸라지 빠져나가듯이 빠져나가게 되고, 돈 없고 빽 없이 성실하기만 한 영세경영자들만 어쩔 수 없는 상황에 처벌받게 되는 폐단만 발생하게 될 수 있다.

앞서 언급한 정책 등 그간의 야심찬 노동정책에도 저임금노동자의 소득수준은 날로 악화되고 있고, 고용불안은 더욱 가중되고 있다.

정규직과 비정규직간 빈부의 격차는 커지고, 소득양극화는 심각한 지경이다.

이러한 현실을 고려한다면 정부는 긴급히 코로나시기에 맞는 해고제한, 비정규직 보호, 재난생계소득 차별적 지급, 극심해진 양극화와 불평등 해소를 위한 정책과 이행을 쏟아 내었어야만 한다. 인기 몰이식 전 국민 재난지원금 등으로 생색내기가 아닌 당장 오늘 하루 끼니를 걱정하고, 불투명한 내일을 걱정하며 오늘 하루도 버텨 내어야만 하는 우리네 국민들의 아픔에 공감하고, 발 빠르게 움직였어야 하는 것이다.

코로나19는 전 세계의 사회와 경제구조를 바꾸는 큰 전환점이 되었다. 현재 모든 국가들은 노동 · 소득 · 분배구조와 자본주의를 재정의 해야 하는 갈림길에 서게 되었다. 이제는 경제성장을 넘어 자본분배역할을 수행하는 정부의 정책과 이행에 우리 경제와 노동자들의 생존이 달려있다고 해도 과언이 아니다.

지금까지의 노동정책은 허울만 있는 껍데기 정책으로 그 안에 수혜자는 아무도 없었다. 이러한 생색내기식 정책은 오히려 정부에 대한 불신을 가속화하고, 그 불신은 우리 사회의 모든 계층에 불평과 무기력으로 만연하게 퍼지고 있다.

1970년 청계천 평화시장에서 "우리는 기계가 아니다! 근로기준법을 준수하라! 나의 죽음을 헛되이 말라!"고 피맺히게 외치며 분신했던 전태일 열사가 생각난다. 그 열사의 동상 후면에는 "손잡아 하나 되어라"고 새겨진 글이 있다. 이제는 노사정 모두가 손을 잡고 '원팀One Team'을 구성하여 이를 통해 지혜를 모아 코로나 위기를 극복하고 상생의 발판을 마련해야 할 때다. 우리 삶에 앞으로 또 어떤 위기가 닥칠까. 이 책은 걱정하고 함께 두려워하자고 쓴 게 아니라 코로나 이후에 나와 내 가족을 보호하고, 함께 따뜻하고 의미 있는 저녁을 함께 할 수 있기를 바라며 혼신을 기울였다.

국민은 결국 자신의 삶을 되찾아 주고 책임져줄 정책을 선택한다. 뜬구름과 같이 이상으로만 색칠한 정책이 아니라 국민 생활을 책임질 현실적인 정책 발굴과 대안이 절실하다.
그래야 우리 국민이 '저녁을 먹을 수 있는 삶'을 지탱할 수 있다. 우선 먹고 살 끼니가 있어야 '저녁이 있는 삶'도 가능하지 않겠는가.

여의도 연구실에서 김명수

3장

잘못된 노동정책, 몰락의 신호탄

4장

복지 정책의 이중 잣대

5장

노동정책, 무엇에 주목해야 하는가?

1장

포스트코로나 시대,
노동의 미래

포스트코로나 시대 세금으로 단기적 공공근로 일자리를 만들고, 공무원을 많이 뽑는 정책은 경제 성장에 큰 도움이 되지 않는다. 정부는 양극화로 나뉜 사회의 분배 문제를 책임져서 모든 사람이 억울하지 않고, 평등하게 나눠 갖도록 보장해 줘야 할 책임이 있다.

지금까지의 복지 정책이 국민이 일자리로 돌아갈 수 있는 사회안전망 역할에 그쳤다면, 앞으로는 일자리가 없고 소득이 없는 계층까지도 확대해야 한다.

"

과거의 틀을 깨야
새로운 변화가 시작된다.

"

01

대한민국의 변곡점은 무엇인가

뒤바뀐 역사

대한민국의 변곡점은 무엇인지 감을 잡으려면 역사를 돌아보며 시대가 어떻게 변하면서 발전해왔는지 참고하는 것이 중요하다. 과거와 현재를 제대로 파악해야 미래를 어느 정도 가늠할 수 있기 때문이다.

역사는 늘 변화와 혁신을 바탕으로 진보해왔다. 사냥과 유목 생활을 벗어나 농경사회로 정착하면서 토지를 바탕으로 일자리가 생겨났고, 산업혁명으로 젊은 사람들이 시골에서 도시로, 공장으로 가면서 일자리가 생겨났다. 정보화 시대를 맞으면서 4차 산업혁명 시대가 오자 일자리는 데이터 중심으로 생겨났고, 정보가 곧 자본인 시대로 변했다.

네트워크의 등장으로 다양한 신기술을 접하게 되면서 검색, 협업, 정보 교환에 드는 시간과 비용이 획기적으로 줄었다. 또한, 다양한 분야로의 진입 장벽을 허물고 융합, 연계, 통합의 시대가 열렸다. 새로운 방식의 유통망이 형성되고 조직화가 쉬워졌으며 디지털 벤처 사업의 기회가 열렸다. 센서 기술의 발달로 인공지능이 스마트폰, 시계, 자동차, 건물, 심지어 인체에도 들어왔다.

그리고 이러한 3차 산업혁명은 이제 4차 산업혁명의 밑거름이 된다. 여러 산업 분야의 경계가 허물어지고 통합 및 융합되는 시대가 바로 4차 산업혁명 시대다. 인공지능이 인간의 지식을 대신해주는 세상, 인간의 일을 로봇이 대신하는 세상이 펼쳐지고, 비약적으로 발전하는 최첨단 과학으로 인해 빠른 주기로 전혀 다른 세상이 펼쳐질 것이다.

데이터 및 정보관리 프로그램에서부터 교육, 의료, 정보, 문화, 레저, 게임 등 수많은 정보가 네트워크 안에서 오가고 있다. 교육 분야에서는 에듀테크와 온라인 수업, 금융 분야에서는 핀테크 등 네트워크 기반의 기술 융합으로 인한 새로운 산업과 일자리가 생기고 있다.

반면에 자동화와 산업구조 개편으로 인해 3차 산업에 기반을 둔 일자리가 크게 감소하고 고용이 불안해지면서 사회문제가 되고 있다. 인공지능, 빅데이터, 디지털 기술이 융합되어 갈수록 강화되는 초연결사회로 인해 이미 일자리의 패러다임이 바뀌고 있다.

인류는 산업혁명이 일어날 때마다 이전 시대와는 확연히 다른 삶을 살게 되었다. 산업혁명의 주기는 점점 짧아져 왔다. 갈수록 빨라지는 혁명적인 변화로 인한 숱한 사회적 갈등과 정치경제적 문제가 발생하고 있다.

게다가 인류 역사가 4차 산업혁명에서 끝나게 될 것 같지는 않다. 우리 세대에서는 경험하지 못할 수도 있겠지만, 5차 산업혁명이 일어나는 것도 그다지 먼 미래의 일은 아닐 것이다. 우리나라만 해도 1차, 2차, 3차 산업혁명이 60년이라는 짧은 시기에 집중적으로 몰아닥쳤다. 더구나 전 세계가 4차 산업혁명의 소용돌이에 휩쓸려가는 와중에 코로나 사태가 터지면서 4차 산업혁명이 더욱 가속화되었다.

변화만이 생존의 조건

산업혁명은 올 때마다 대대적인 일자리의 교체를 가져왔다. 그러는 가운데 경제가 침체하면 일자리가 사라지고, 경제가 살아나면 일자리가 회복되기도 했지만, 최근에는 그렇지 못하고 있다. 기업들이 위기를 겪을 때마다 설비 자동화를 더욱 첨단화하고 노동인력을 로봇으로 대체하면서 고용 없는 성장이 가속화하고 있다. 여기에 최저임금 인건비가 오르면서 주로 제조 라인에서 쓰던 로봇이 서비스 영역까지 확대되고 있다.

무인매장, 서빙 로봇, 요리 로봇, 키오스크 주문 등에서 보듯 사람들은 로봇과의 일자리 경쟁에서 점차 밀려나고 있다. 특히 코로나로 인해 비대면 접속이 확산되면서 자동화와 무인화가 빠르게 사람을 대체하고 있다. 코로나 이후 이처럼 인간 사회의 언택트 경향이 심화되고 사람이 설 자리에 기계가 들어서면서 일자리 감소 추세가 가팔라지고 있다. 경기가 나빠지면 일자리가 감소했다가 경기가 살아나면 그 일자리가 다시 회복되는 이전의 패러다임과는 근본적으로 다르게, 사라진 일자리와 새로 생기는 일자리의 비대칭이 심화되고 있는 것이다. 필요한 일자리가 일시적으로 줄어드는 차원이 아니라 더 많은 일자리들이 더 빠르게 영영 사라지고 있는 것이다.

역사는 거대한 변화의 물결을 타고 넘어 오늘에 이르렀다. 숱한 국가와 민족과 기업과 조직들이 그 변화의 소용돌이에서 사라지거나 살아남거나 새로 생겼다. 지금 우리는 거대한 변혁의 소용돌이에 놓여 있다. 따라서 우리의 삶을 지탱하는 일자리도 혁명적인 변화를 피할 수 없게 되었다. 시대의 흐름이 빠르게 변하고 있다. 우리도 변해야 살아남을 수 있다.

무인매장, 서빙 로봇, 요리 로봇,
키오스크 주문 등에서 보듯
사람들은
로봇과의 일자리
경쟁에서 점차
밀려나고 있다.

66

마틴 루터 킹이 말하기를, '나는 가장 단
순한 접근법이 가장 효과적일 거라 확신
한다. 모두가 인정할 만한 수준의 소득보
장을 통해 직접적으로 가난을 해소하는
것이 빈곤의 해결책이다.'

99

02

포스트코로나 세상은 소득격차가 관건이다

재난에 대응하는 세계의 움직임

코로나의 창궐이 오래 지속되면서 삶의 모습이 크게 바뀌었다. 집단 감염에 대한 우려로 행사, 공연, 모임, 이동 등이 크게 위축되면서 소비 심리도 얼어붙었다. 이로 인해 경기가 침체되고 영세 자영업자, 비정규직, 특수 업종 종사자 등이 위기에 내몰렸다.

재난을 겪는 국민에게 기본소득을 지급함으로써 소비를 촉진시켜 경제 위기를 극복하려는 움직임이 우리나라는 물론 전 세계적으로 확산되고 있다. 기본소득은 단순히 현금으로 주는 복지가 아니라 침체된 경기를 상승시키자는 대규모 투자다. 정부는 전 국민에게 동시에 지급하여 지원 대상자를 선별하는 시간과 행정 비용을 줄인다고 했다.

기본소득은 이미 전 세계적으로 논의되어온 제도이며, 우리나라에서도 지난 총선에서 제기된 주요 정책 의제였다. 그러다가 코로나 이후 기본소득에 대한 논의에 가속이 붙으면서 여야가 14조 3,000억 원의 추경에 합의하여 전 국민을 대상으로 가구당 최대 100만 원의 긴급 재난지원금을 지급하면서 기본소득의 첫걸음을 뗐다.

언 발에 오줌 누기 정책은 이제 그만

기본소득은 모든 사회 구성원에게 최소한 인간다운 삶을 누리도록 조건 없이 지급하는 소득으로 일정한 정도의 생활수준을 보장하는 정책이다. 이는 보편성, 무조건성, 개별성을 특징으로 하는데, 크게 5가지 원칙에 따른다. 보편성모두에게, 무조건성조건 없이, 개별성개인에게, 정기성일회성이 아니라 정기적으로, 현금지급지급수단이다.

이런 지급 조건의 기본소득이라면 엄청난 규모의 증세가 불가피해진다. 전 국민에게 매달 30만 원만 지급해도 해마다 202조 원의 예산이 든다. 반면, 선별 지급하게 되면 해마다 20조 원만으로 해결된다. 30만 원은 누군가에게는 꼭 필요한 큰돈이지만, 누군가에게는 없어도 되는 푼돈이다. 취약계층에만 지급한다면 600만 명의 빈곤을 어루만질 수 있다.

정부가 재난지원금의 하나로 만 13세 이상 국민의 통신비를 2만 원씩 지급해주었는데, 여기에만 9,000억 원의 예산이 소요되었다. 휴대

전화 요금 2만 원은 코로나로 인한 가계 경제난 해소에 전혀 도움이 되지 않는다. 코로나로 인해 수입이 크게 줄어 파산 위기에 처한 자영업자, 일자리를 잃어 기본 생계가 막힌 노동자 등 재난지원이 절실하게 필요한 사람들은 따로 있다. 생색내기 식의 재난지원이 아니라 코로나로 생계에 직격탄을 맞아 주저앉은 사람들부터 구제해야 한다.

경제 위기는 돈이 원인이기는 하지만, 돈이 해결책의 전부는 아니다. 힘들 때일수록 함께 이겨내야 한다는 사회적 연대감을 통해 위기를 극복해나가야 한다. 재난 기본소득만으로는 취약한 저임금 노동자, 비정규직, 영세 자영업자, 소상공인들에게 직접적인 생계 마련이 되지 않는다.

기초 공사 없이 단지 높이 올려 그럴싸한 건물을 지으면 그 건물은 쉽게 무너져 내린다. 국가가 책임져야 하는 수천만 국민의 복지를 위해서는 기초 공사부터 튼튼해야 한다.

보다 구체적이고 심도 있는 노동정책에 대해서는 다음 꼭지에서 알아본다.

"

이제는, 사람과 비교할 수 없을 만큼 정밀
한데다가 바이러스에서 안전하기까지 한
로봇과 경쟁해야 하는 시대가 되었다. 로봇
이 상용화되면 사람은 힘든 일과 하기 싫은
일은 모두 로봇에게 맡겨버리고 매일 휴가
를 보내며 편히 살게 될 줄 알았지만, 이제
로봇에게 속속 일자리를 빼앗기고 저녁 끼
니를 걱정해야 할 처지로 내몰렸다.

"

03

일자리 대변화의 서막이 열리다

양극화와 불평등 구조

코로나 사태 이후 경제 구조가 크게 변하면서 소득 불평등이 더욱 심화되고 있다. 특히 디지털 경제로 급속하게 전환되면서 발생하는 경제적 이득이 소수에게만 더욱 편중되고 있다. 불균형과 양극화가 극심해지고 고착화될수록 불평등 구조의 격차가 커지고 있다.

전 세계적으로 코로나를 극복하기 위해 갖은 노력을 기울이는 가운데 일자리 감소와 고용 위축으로 불평등 구조가 갈수록 심화되고 있다. 재난이 닥치면 취약계층이 가장 먼저 가장 크게 피해를 본다. 불평등을 완화하고 소비 심리를 북돋는 방법으로 기본소득이 주목받고 있지만, 불평등 완화에 실질적인 도움은 주지 못하고 있다. 차라리 그 돈으로 일자리를 창출하는 것이 장기적으로 더 효과가 크다.

코로나를 종식시킨다고 해도 언제든 변종 바이러스가 다시 창궐할 수 있으므로 기업은 로봇이나 인공지능과 같은 기술을 적용하여 인력을 줄여가고 있다. 이미 힘든 육체노동을 로봇이 대신하고 있고, 이제 기술까지 인공지능이 대신하고 있는데, 인공지능이 소프트웨어까지 스스로 제작하기 시작하면 인공지능을 만든 프로그래머의 일자리부터 없어질 수 있다.

이제 인간의 경쟁 상대는 로봇

로봇은 이미 사람의 노동력을 대신하여 반복적이고 단순한 일을 해왔고, 육체적으로 힘든 일도 감당해왔다. 로봇으로 인해 판매원, 자동 조립 라인, 제조 관련 종사원, 서비스업 노동자 등의 일자리가 점차 사라져가고 있다. 이제 아무도 내 일자리가 20년 뒤에도 남아 있을 거라고 장담할 수 없게 되었다.

그 첫 출발은 비대면 산업에서 이미 시작되고 있다. 코로나 때문이 아니다. 4차 산업혁명이 시작되면서 이미 사람의 일자리도 무더기로 사라지기 시작했다는 점에 주목해야 한다. 코로나는 다만 그 시점을 앞당겼을 뿐이다. 노동자들이 설 자리가 점점 좁아졌다는 사실이 자연스럽고도 순식간에 일상으로 와닿았을 뿐이다.

비대면 활동이 일상화되면서 스마트폰 어플로 쇼핑을 하고, 키오스크로 음식을 주문하고, 자율주행 자동차가 실용화 단계에 접어들었으며, 재택근무를 하고, 화상으로 회의를 하고, 원격으로 진료를 받고, 학교 수업은 학교가 아닌 집에서 온라인을 통해 받는 것이 일상이 되었다. 사람이 설 자리에 기계가 들어서면 그만큼 사람의 일자리는 감소하게 마련이다.

첨단 기술을 적용하여 직원 수를 줄이고 수익을 높이는 기업의 정책은 4차 산업혁명과 포스트코로나 시대에서 일자리의 미래를 단적으로 보여준다. 게다가 바이러스의 창궐로 인해 사람을 고용하는 것 자체를 위험 요소로 인식하게 되면서 기업은 더욱 효율적이고 안전한 무인 자동화 시스템을 선호하게 되었다.

이제 사람과 비교할 수 없을 만큼 정밀한데다가 바이러스에서 안전하기까지 한 로봇과 경쟁해야 하는 시대가 되었다. 로봇이 상용화되면 사람은 힘든 일과 하기 싫은 일은 모두 로봇에게 맡겨버리고 매일 휴가를 보내며 편히 살게 될 줄 알았지만, 이제 로봇에게 속속 일자리를 빼앗기고 저녁 끼니를 걱정해야 할 처지로 내몰렸다.

코로나는 자동화, 무인화, 비대면, 온라인, 로봇의 시대를 빠르게 앞당겼다. 몇 년 안 있어 사라질지도 모르는 직업을 위해 우리는 지금 아등바등 살아가고 있는지도 모른다. 예상 가능한 최악의 시나리오는 어쩌면 로봇에게 고용되어 로봇이 하기 싫은 일을 사람이 하는 게 아닐까 싶다.

66

현 정부는 단기 부양책의 유혹에 빠져 있다. 모두를 살리겠다고 손을 내밀었다가 정작 아무도 살리지 못하는 실책을 자초하고 있는 셈이다. 집값, 노동, 교육, 검찰, 복지 구조를 개혁한다고 요란을 떨었지만, 실상은 신통한 결과를 얻지 못했다. 노동 정책은 혼란만 더 가중시켰고, 집값은 오히려 천정부지로 치솟았으며, 경제 양극화는 더 심해졌다.

99

04

복지정책은 어떻게 덫이 되고 말았을까

정부의 개입에 따라 달라지는 노동자의 운명

일자리에서 사람들이 결국 기계에 밀려날지도 모른다는 우려가 현실이 되어가고 있다. 그동안 과학기술은 꾸준히 발전해왔지만 사람의 노동력이 필요한 일은 크게 부족하지 않았다. 그러나 앞으로 과학기술이 사람보다 더 많은 일을 맡게 될 것이다.

과학기술이 발달할수록 경제는 가파르게 성장한다. 과학기술의 발달로 경제가 성장하면서 우리는 부모 세대보다 더 부유해졌고, 우리의 자녀 세대는 우리보다 더 부유해질 것이다.

이제 보릿고개로 상징되는 가난은 옛날 이야기가 되었다. 문제는 부유해진 만큼 부의 분배 방식이 더욱 불평등해졌다는 데 있다. 경제 성장의 과실을 어떻게 나눠야 불평등한 격차를 줄일 수 있는지, 정부가 무엇을 해야 하고 하지 말아야 하는지, 정부가 어떻게 개입하느냐에 따라 미래 우리의 운명이 달렸다.

당장 눈앞에 닥친 빈부 격차와 불평등한 구조를 해결하려면 정부가 적극적으로 직접 대처하는 방법이 있다. 특히 소득이 없는 가난한 사람에게 생계를 지원하고 일할 기회를 제공하는 복지 정책을 통해 부를 재분배하는 것이다.

코로나로 정부에서는 재난지원금을 전 국민에게 보편 지급하였다. 그런데 상당수의 국민이 주니까 받지만, 마음이 불편하다는 의견도 많았다. 전 국민에게 돈을 주어 국가의 채무는 늘어나고, 그 채무를 갚기 위해 국채를 발행하니 부채는 또 늘어난다. 이 빚은 곧 국민의 세금이고, 자식 세대가 갚아야 할 빚이다. 더구나 우리나라 경제는 이미 선진국 모델로 접어들어 점점 더 성장률이 둔화되는 추세에 있는데다가 인구의 초고령화와 동시에 초저출산으로 인한 인구 절벽에 직면해 있다. 그에 더해 분단이라는 특수상황으로 인해 막대한 안보 비용을 지출하고 있다. 재정 부담을 가중시키는 숱한 악재들을 떠안고 있는 것이다. 경제는 먹고 사는 문제이며, 안보는 죽고 사는 문제다. 둘 중 어느 한 곳의 곳간이라도 비어 있어서는 안 된다.

그러니 국가 재정은 생계가 어려운 국민에게 우선 지급되어야 한다. 소외된 약자에게 선별 지급하여 사회가 평등한 구조가 되도록 노력하는 것이 공정한 사회다.

사회안전망 확충을 권고하고, 피해가 많은 기업과 계층, 즉 중소기업, 소상공인, 휴직자, 저소득층, 실업자 등에 대한 지원 방안을 수립해야 한다. 위기상황일수록 위험에 노출된 사업장에 지원을 확대하여 대규모 해고를 방지해야 한다. 경기 침체의 충격을 최대한 흡수할 수 있는 제도를 마련하여 취약계층을 보다 적극적으로 지원해야 한다.

어떻게 사느냐보다 어떻게 '잘' 사느냐가 중요하다

경제를 살리는 일은 정부가 해야 한다. 시장 경제를 활용하여 시장 경제가 원활하게 돌아가도록 제도를 만들고, 꼭 필요한 곳을 먼저 선택하고 그곳에 집중해서 에너지를 써야 한다.

그러나 현 정부는 단기 부양책의 유혹에 빠져 있다. 모두를 살리겠다고 손을 내밀었다가 정작 그 아무도 살리지 못하는 실책을 자초하고 있는 셈이다. 집값, 노동, 교육, 검찰, 복지 구조를 개혁한다고 요란을 떨었지만, 실상은 신통한 결과를 얻지 못했다. 노동 정책은 혼란만 더 가중시켰고, 집값은 오히려 천정부지로 치솟았으며, 경제 양극화는 더 심해졌다.

미국은 정부 부채 비율이 100%를 넘어도 감내할 수 있다. 자국 통화로 채권을 발행해도 자국 내 수요 기반이 탄탄하고, 전 세계에서 채권을 사주기 때문에 재정 적자가 나더라도 채무불이행에 빠질 가능성이 낮기 때문이다. 그러나 우리나라는 미국 같은 기축 통화 국가가 아니어서, 대외여건이 나빠지면 환율로 인해 수출에서 크게 흔들려 나라 전체가 출렁이고 만다. 우리처럼 기축 통화 국가가 아닌 나라들이 정부 부채 비율에 신경을 곤두세워 어떻게든 그 비율을 낮게 유지하려고 기를 쓰는 이유가 바로 여기에 있다.

4차 산업혁명 시대에 중요한 것은 과학기술 발전과 인재 양성이다. 세금으로 공공근로 일자리를 만들고, 공무원을 많이 뽑는 정책은 장기적으로 경제 성장에 크게 도움이 되지 않는다. 정부는 양극화로 나뉜 사회의 분배 문제를 책임져서 모든 사람이 억울하지 않고, 평등하게 나눠 갖도록 보장할 책임이 있다.

지금까지의 복지 정책이 국민이 일자리로 돌아갈 수 있는 사회안전망 역할에 그쳤다면, 앞으로는 일자리가 없고 소득이 없는 계층까지도 확대해서 봐야 한다. 보다 많이 가진 사람에게 더 많은 세금을 부과하는 제도에 대한 논의가 필요하다.

현대 사회에서 복지라고 하면, 우선 일자리를 되찾아 주는 것으로 보고 '일' 을 해서 돈을 버는 것을 전제로 한다. 어쩔 수 없는 상황에 처한 사람들을 돕긴 하겠지만, 능력이 있다면 노동시장으로 복귀시키는 것을 전제로 한다.

코로나로 인해 '노동' 을 전제로 노동자 위주로만 짜인 사회보장체계를 바꿔야 한다는 주장이 속속 나오고 있다. 사회복지는 일하지 못하는 사람들을 위한 안전망인데, 코로나로 인해 누구나 어려워질 수 있다는 것을 자각하게 되었다.

누구나 일시에 생계가 어려워질 수 있다. 부의 분배는 노동의 대가와는 상관없이 분배의 정의에 따라 이루어져야 한다. 개인이 감당하거나 예측할 수 없는 위기 상황에서 국가가 불확실한 위험에 대처해 복지 망을 촘촘하게 짠다면, 어떻게 사느냐의 문제에서 어떻게 '잘' 사느냐의 문제로 복지 영역이 확대될 것이다.

66

코로나의 재앙이 전 세계를 덮치면서 나라마다 노동, 소득, 분배 구조와 자본주의를 재정의해야 하는 갈림길에 서게 되었다. 이제 경제 성장을 넘어 자본 분배 역할을 정부가 어떻게 수행할 것인지 주목해야 한다.

99

05

자본을 분배하는 정부 정책은 효과적인가

자본의 재분배 제도가 필요한 까닭

코로나 세상이 되면서 우리는 너무 많은 것을 잃었다. 소중한 일상과 열심히 일한 일터를 잃은 상실감이 가장 크다. 소상공인의 폐업이 속출하고, 일자리를 잃은 사람들의 수를 헤아리기도 어렵다. 더 심각한 건, 불평등이다. 하위계층 소득은 크게 줄고, 비정규직 실업이 급증했다. 그러나 디지털 플랫폼 기업과 게임, 포털 업체의 이익은 크게 늘었다. 수출 대기업도 실적이 개선되었으며, 주식 시장으로 예수금이 몰리면서 차익을 본 고소득층도 많다. 지나친 양극화 현상은 경제 전반의 활력을 떨어뜨리고 국민 경제의 기반을 무너뜨릴 수 있다는 점에 주목해야 한다.

이렇듯 생계형 일자리를 잃어 생존을 위협받는 사람들이 있는가 하면, 부동산과 금융, 대기업은 오히려 호황을 맞기도 했다. 온라인 사업은 전통 사업의 몰락을 그대로 흡수했다. 이제 노동의 시대가 저물면서 전통 자본을 분배할 길을 찾아야 한다.

코로나의 재앙이 전 세계를 덮치면서 나라마다 노동, 소득, 분배 구
조와 자본주의를 재정의해야 하는 갈림길에 서게 되었다. 이제 경제
성장을 넘어 자본 분배 역할을 정부가 어떻게 수행할 것인지 주목해야
한다. 이에 따라 기본소득, 이익공유제, 사회연대세 등 자본 분배에 관
한 제도 도입이 화두가 되었다. 그나마 정치권에서 자본 분배를 먼저
논의하고 있다는 점은 매우 긍정적이다.

정부의 실책과 지금 우리에게 필요한 정책은

개인의 노동소득만으
로는 목돈을 모으기 어렵고, 내 집 마련이 불가능하다는 것을 깨달은
국민은 너나 할 것 없이 주식과 비트코인에 열광하고 있다. 이는 정부
의 잘못된 정책 탓이 크다. 주택을 투기 목적으로 사용하지 못하도록
만들겠다고 공언했지만, 정작 실효성 있는 부동산 정책은 강력하게 추
진하지 못했다. 문제는 이러한 정책을 추진할 만한 동력이 없었고 제대
로 된 전문가가 없기 때문이었다. 그래서 세입자들을 위한 법안 마련
은 물론 다주택자의 보유세 인상에도 굉장히 소극적이었다.

코로나 이후의 경제를 예측하여 자본을 계층 간에 고루 분배하면서
경제를 부양하고, 경제적 주권을 모두 평등하게 누린다면 진정한 민주

주의를 실현할 수 있다. 자본을 대기업이 독식 할수록 누군가는 생존을 위협받는다. 경제적 자유는 국민 개개인의 권리를 존중하고 어떤 수직적 권력에도 종속되지 않는 것이다.

이익공유제는 이미 다수의 미국 업체에서 코로나 이전부터 도입했다. 과거 영국은 1차 세계대전 당시, 전쟁으로 한시적 이득을 얻은 기업에 한해 초과 이득세를 거둔 바 있다. 우리나라도 예외는 아니었다. 영화 산업의 경우 배우, 배급사, 제작자 사이에 관람객 수가 일정 수 이상에 도달하면 수익을 배분하는 방식의 이익공유제를 일찍부터 시행해왔다. 몇몇 우리나라의 기업은 하청업체와 이익을 공유하여 수직적 공유를 수평적 공유로 범위를 넓혀가고 있다.

정치권에서는 코로나 시대 극심한 양극화를 해소하기 위해 자본을 효과적으로 분배하는 이익공유제를 의제로 삼았다. 사회적 불평등과 양극화가 심각하니 코로나로 호황을 맞아 특수를 누린 기업의 이익을 공유하자는 것이다.

온라인 플랫폼 기업은 중소기업이나 소상공인의 수수료를 인하하여 이익을 나누고, 대기업은 고용안전망을 지원하는 사회연대기금에 참여하라는 것이다. 코로나 특수로 이익을 봤다면 한시적 목적세로 사회연대세를 도입하여 추가 과세를 도입하는 방안도 내놓고 있지만, 세금을 내야 '하는' 사람이 '나' 라면 받아들이기 쉽지 않다.

불평등과 양극화 문제를 해결하고 재정 확충을 위해 사회연대세를 내라고 하면, 공동체를 위해 선한 공동체가 되어줄 대기업이 몇이나 있을까? 코로나 승자에게 합당한 사회연대세를 부과하여 추가 재원을 마련한다고 해도, 어떤 기준으로 수혜 기업을 구분할 것인가?

　게다가 자본주의 시장경제 체제에서 그런 조치는 지나치게 좌파적 발상이라고 비판 받을 소지가 있다.

이제 경제 성장을 넘어
자본 분배 역할을
정부가 어떻게
수행할 것인지
주목해야 한다.

"

지금은 코로나19지만, 곧 코로나22, 코로
나24가 올지 모른다. 이러한 바이러스는
더 빨리, 더 멀리, 더 많이 확산되어 더 많
은 사망자와 후유증을 낳는다. 그러나 아이
러니하게도 현대 과학 기술이 코로나를 빨
리 확산시킨 반면에 발전된 의료 기술이 코
로나 위기에 빨리 대응하도록 만들었다.

"

06

몰락하는 기업이 속출하고 있다

바이러스 감염이 그치지 않는 이유

코로나와 같은 바이러스가 끊임없이 창궐하는 이유는 인구가 증가하고 생활공간의 밀도가 높아지면서 사람들이 예전보다 더 가까이 붙어살게 되었기 때문이다. 근접한 생활 거리는 바이러스 감염 확산에 치명적이다. 도시 집중으로 인한 높은 인구 밀도와 세계화로 인한 짧은 생활 이동 거리는 바이러스를 더 빨리 더 넓게 퍼트린다.

지금은 코로나19지만, 곧 코로나22, 코로나24가 올지 모른다. 이러한 바이러스는 더 빨리, 더 멀리, 더 많이 확산되어 더 많은 사망자와 후유증을 낳는다. 그러나 아이러니하게도 현대 과학 기술이 코로나를 빨리 확산시킨 반면에 발전된 의료기술이 코로나 위기에 빨리 대응하도록 만들었다.

코로나는 우리가 사는 세상의 시스템을 뿌리부터 흔들어대고 있다.

많은 산업과 일자리, 노동 환경, 국가와 정치경제, 금융과 부동산, 교육과 의료, 자연환경 등 우리의 삶의 방식과 태도까지 우리가 원하든지 원하지 않든지 간에 크게 변화시키고 있다. 이 사태가 머잖아 끝나더라도 그동안 비대면 접촉에 익숙해져버린 사람들이 쉽사리 대면 접촉으로 돌아설 것 같지는 않다.

도심 중심가의 밀집된 빌딩가로 출퇴근하는 것보다 재택근무나 화상회의로 업무를 수행한다. 학교에 가기보다는 원격수업 같은 온라인 강의가 더 활성화되면서 비대면 언택트 문화는 점차 본격화되고, 온라인 디지털을 향한 초연결사회가 강화된다. 이렇게 변화하는 세상을 받아들이지 못하면 세상에서 도태될 수 있으므로 변화를 받아들이고 빠르게 적응해야 한다.

특히 IT 기업들에게는 이런 비대면 환경의 확대가 절호의 사업 기회다. 구글, 페이스북, 아마존, 애플 같은 세계 4대 IT 기업들은 비대면 환경에 재빠르게 대응하면서 크게 세력을 확장했다. 애플은 시가총액 1조 달러를 달성하는 데 42년이 걸렸지만, 1조 달러에서 2조 달러로 커지는 데는 불과 20주밖에 안 걸렸다. 같은 기간 테슬라는 전 세계 어떤 자동차 회사보다도 큰 기업이 됐을 뿐만 아니라 시가총액 기준으로 토요타, 다임러, 혼다를 합친 것보다 몸집이 커졌다.

코로나에 타격을 받고 몰락하는 기업들

코로나 사태 이후로는 마이너스 유가 충격까지 일어날 정도로 경기가 급격히 침체되어 전 세계적으로 항공, 에너지, 유통, 스포츠, 관광, 숙박 관련 기업들이 파산의 파도에 휩쓸렸다. 102년의 역사를 자랑하는 미국 최대의 렌터카 업체 허츠 글로벌 홀딩스는 항공업계와 함께 가장 큰 타격을 입은 기업 중 하나다. 공항에서 자동차를 빌리는 고객이 많았는데, 코로나로 공항 봉쇄가 잇따르면서 렌터카 수요가 급감하여 심각한 재정난에 빠졌다. 결국, 2020년 5월 부채를 해결하지 못하고 파산 절차에 돌입했다. 허츠뿐 아니라 차량을 공유하는 우버, 공간을 공유하는 에어비앤비와 위워크 등 공유 경제 기업들도 휘청거렸다. 코로나로 공유에 대한 거부감이 급속도로 확산되었기 때문이다.

또한, 미국 대통령의 양복점 브룩스 브라더스, 113년 전통의 고급 백화점 니만마커스를 비롯해 주요 소매업체인 JC 페니, 메이시스 등 유명 브랜드도 소비자들의 쇼핑 활동이 비대면으로 돌아서면서 줄줄이 파산했다. 독일에서는 최대 백화점 기업인 갈레리아 칼스타트 카우프호프가, 영국에서는 데번햄 백화점이 파산 절차에 돌입했다.

여행업, 외식업뿐 아니라 대학과 대학원 교육도 휘청거리고 있다. 코로나로 대학 수업이 온라인 수업으로 전환되면서 대학 근처의 숙소나 식당, 대학생들을 위한 인프라 등이 맥을 못 추고 있다. 온라인 수업을 위해 과도한 대학등록금을 모두 다 내고 다니고 싶은 대학생은 없다. 이미 구글과 마이크로소프트 등은 대학교 졸업장을 필요로 하지 않으며 테슬라도 학위 대신 코딩 테스트로 인재를 채용하겠다고 선언했다. 포춘 100대 기업 중 대학 졸업장을 요구하지 않는 기업이 절반을 넘어가고 있다.

코로나가 남긴 경제적 상처

코로나가 남긴 경제적 상처는 앞으로 수년간 더 영향을 미칠 것이며, 정부 지원이 사라지면 엄청난 규모의 기업 파산이 뒤따를 수 있다. 코로나 백신 접종으로 집단면역이 궤도에 오르면서 호주에서는 시드니 오페라 하우스에서 공연이 재개됐고, 일본은 연기했던 올림픽을 다시 준비하고, 중국도 베이징 동계 올림픽에 초점을 맞추고 있지만, 인류가 아직 코로나 재앙에서 벗어났다고 확신하기에는 이르다.

일자리 파괴, 빈곤과 경제 불평등 악화, 공공 및 민간 부문의 부채 증가 등은 재정 건전성이 취약한 국가일수록 회복하는 데 오랜 시간이 걸린다. 당장은 정부 지원으로 버틴다고는 하지만, 점점 더 많은 기업이 빚을 갚을 만큼 충분한 수익을 내지 못하고 있으며, 정부의 지원이 끊기면 몰락하는 기업과 도산하는 기업이 속출하게 될 것이다.

변화하는 세상을
받아들이지 못하면
세상에서 도태될 수 있으므로
변화를 받아들이고
빠르게 적응해야 한다.

66

최저임금의 급격한 인상으로 중소기업의 상황이 악화되고 있던 참에 코로나 사태까지 터지면서 파산의 높은 파고가 생존의 경계에서 가까스로 버티던 기업과 개인을 덮쳐 극한 상황으로 내몰았다. 영세한 기업과 개인들의 체력이 바닥나 가는 상황에서 코로나가 파산의 방아쇠를 앞당긴 셈이다. 더욱 우려되는 점은 아직 회생이나 파산을 신청할 단계는 아니지만, 한계에 내몰린 기업과 자영업자들이 많아 앞으로 상황은 더욱 악화될 수 있다는 점이다.

99

07

현실로 다가온 기업의 위기

기업들의 유례없는 파산 사태

2012년 이후 빚을 갚지 못해 파산으로 내몰리는 기업들이 늘고 있는 가운데, 코로나 사태를 계기로 급증해 사상 최악으로 치달았다. 법인 파산 신청 건수는 2020년에 2019년 대비 53%나 급증했으며, 코로나 사태 여파를 고려하면 1,000건을 돌파할 것으로 보인다. 무엇보다 기업을 살려보겠다는 회생 신청보다는 사업을 아예 접겠다는 파산 신청이 증가하고 있다는 점이 심히 우려스럽다.

기업뿐 아니라 개인 상황도 심각하다. 코로나 불황에 개인의 파산 행렬이 이어지고 있으며, 중년을 넘긴 상당수의 개인이 생활비 부족으로 가족 해체까지 겪고 있다. 미래에 계속 수익을 얻을 가능성이 있는 사람이 신청할 수 있는 회생과 달리, 파산은 본인의 모든 재산과 권리를 포기하는 것을 말한다. 누구라도 회생의 길을 걷고 싶겠지만,

변제대금을 구할 길이 없어 패자 부활의 의지마저 꺾인 상태가 되고 만 것이다.

최저임금의 급격한 인상으로 중소기업의 상황이 악화되고 있던 참에 코로나 사태까지 터지면서 파산의 높은 파고가 생존의 경계에서 가까스로 버티던 기업과 개인을 덮쳐 극한 상황으로 내몰고 있다. 영세한 기업과 개인들의 체력이 바닥나 가는 상황에서 코로나가 파산의 방아쇠를 앞당긴 셈이다. 더욱 우려되는 점은 아직 회생이나 파산을 신청할 단계는 아니지만, 한계에 내몰린 기업과 자영업자들이 많아 앞으로 상황이 더 악화될 수 있다는 점이다.

제조업을 비롯하여 여행·숙박·항공업체, 식음료, 공연·문화·예술·스포츠 업계 등이 크게 악화되었다. 특히 여행업, 숙박업 등은 직격탄을 맞았다. 숙박 전문 예약사이트 호텔엔조이를 운영하는 메이트아이는 기업회생절차를 신청했다. 각종 여행 예약이 줄줄이 취소되면서 경영난에서 헤어나오지 못했기 때문이다. 호텔·리조트 전문 위탁 운영회사 HTC도 국내뿐 아니라 해외 시설을 보유하며 20년 넘게 성장했지만, 코로나 사태로 심각한 손실을 입어 기업회생절차를 신청했다.

해외 유명 브랜드의 선글라스를 한국에 독점 수입하는 브라이언앤데이비드 역시 코로나 사태를 버티지 못하고 회생절차를 신청했다.

코로나로 인한 매출 감소를 회생 신청 원인으로 기재한 국내 기업은 2020년 11월 현재 32건으로 24%를 차지했다. 32건 중에서도 의류·잡화 제조 등 패션 관련 업체들의 신청이 10건에 달해 다른 업종보다 타격이 컸다. 음식점이나 커피 전문점의 회생 신청도 그 뒤를 이었다.

기업 경쟁력이 곧 국가 경쟁력이다

정부는 수출이 회복세를 보이자 경제 반등을 예상하기도 했다. 실제로 우리나라 경제는 지난 1분기에 1.6% 성장했으며, 코로나 발생 이전의 경제 규모를 회복한 것으로 추정된다. 그러나 소비 위축, 대량 실업, 고용 불안정, 기업 도산 등의 악순환은 피하기 어려워 보인다.

이런 상황에서 우리나라의 선도 기업이 기업과 개인, 국가의 도산을 막기 위해 앞장서야 한다. 일례로 삼성전자는 국내 산업 생태계의 기반을 강화하고 미래 기술 경쟁력을 높일 수 있도록 '미래기술육성사업'을 적극 지원하고 있다. 물리, 화학, 생명과학, 수학, 의학 등 기초과학은 물론 신소재, 바이오 등 첨단 정보통신기술 육성을 통해 미래 산업을 발전시키기 위해 기초과학을 튼튼히 다져나가고 있다.

삼성전자는 2013년부터 2020년 상반기까지 총 601개 과제에 연구비 약 7,729억 원을 지원했고, 코로나 등 위기 속에서도 미래를 위한 투자를 아끼지 않고, 2022년까지 과학 기술 육성을 목표로 미래기술육성사업에 총 1조 5,000억 원을 집행한다는 방침이다.

코로나 사태와 미·중 무역전쟁으로 인한 갈등 등 안팎의 불확실성에도 불구하고, 차세대 기술혁신과 인재 양성에 앞장서는 대기업의 행보는 매우 고무적이다. 기업 경쟁력은 국가 경쟁력을 높이고, 사회 전체가 회복을 넘어서 미래를 위한 성장세로 나아가는 데 큰 도움이 된다. 같이 나누고 함께 성장하겠다는 삼성전자의 상생경영이 사회 전체가 부흥하는 데 선순환으로 이뤄져야 한다.

최저임금의 급격한 인상으로
중소기업의 상황이
악화되고 있던 참에
코로나 사태까지 터지면서
파산의 높은 파고가
생존의 경계에서 가까스로 버티던
기업과 개인을 덮쳐
극한 상황으로 내몬 것이다.

"

미래의 인공지능에 직업을 빼앗길 거면서 많은 돈을 들여 공부만 하고, 안정적인 직업을 갖기 위해 공무원 시험공부에만 매달린다면 취미생활과 청춘의 낭만도 포기한 채 책상물림으로 공부만 했던 시간을 후회할지도 모른다.

"

08

코로나 시대, 일자리는 안녕하지 못하다

사라지는 일자리, 새로 생기는 일자리

일자리에서 대변혁이 일어나고 있다. WEF세계경제포럼에 따르면 우리나라 주요 10개 업종에서 3년 안에 70만여 개의 일자리가 사라질 것으로 예측되었다.

우리나라는 이미 초고령사회 문턱까지 왔고 2030년이면 기대수명이 130세에 달한다. 많은 일자리가 사라지는 대신 새로운 일자리가 적잖이 생기겠지만, 정년퇴직이든 명예퇴직이든 평생 종사해온 직장을 떠난 사람이 새로운 직업을 구하기는 쉽지 않다. 자본 없이 노동 하나로 먹고 살아온 직장인이 퇴직 후에 변변한 제2의 직업 없이 30년을 더 살아야 한다면 빈부 격차는 점점 더 벌어질 것이다. 가진 돈이 많은 사람은 돈이 돈을 벌어다줄 것이고, 미래가 불확실한 사람은 더욱 빈곤해질 것이다.

포스트코로나 시대에 소멸하거나 쇠퇴하는 산업은 항공, 여행, 숙박, 요식, 공연, 교육, 문화, 석유화학, 유통 등의 산업이다. 이런 산업을 새롭게 떠오르는 산업이 빠르게 대체할 것이다. 화상회의, 가상현실, 모바일 쇼핑, 택배, 온라인 공연 및 행사, 원격수업, 인공지능 교사, 재생 에너지 등이 바로 그런 산업이다.

사회에 중요한 판단을 하는 직업판사, 국회의원 등, 인간의 심리와 감성에 연결되는 직업심리치료사, 상담사 등, 새로운 데이터를 창조하는 직업 등은 변화는 겪겠지만 살아남을 것이다. 인공지능은 기존의 데이터를 학습하며 발달할 수는 있지만, 새로운 세계관을 창조할 수는 없기 때문이다.

그러나 현실적으로 이 일들을 할 수 있는 사람은 매우 적을 것이다. 미래에는 일하지 않는 사람들, 즉 일자리를 구할 수 없는 사람들이 많아질 것이며, 소수의 엘리트 집단이 자본을 독점하면서 전례 없이 불평등한 세상이 열릴 것이다.

새로운 일자리에는 새로운 교육 체계가 필요하다

4차 산업혁명의 본격적인 진행을 앞두고 교육 시스템을 바꿔야 한다는 목소리가 높아지고 있다. 전문가들은 현재의 입시 중심 교육 환경을 우려하고 있다. 4차 산업혁명이 본격화되면 수많은 직업이 빠르게 사라질 것이다. 물론 새로운 직업과 일자리도 적잖이 생겨날 것이다.

그러나 현재 우리 학교나 사회에서는 새로 생기는 직업들을 뒷받침하기 위한 교육을 본격적으로 실시하지 못하고 있다. 비약적인 정보통신기술 발달에 직업 훈련이 제때에 대응하지 못하고 있는 것도 하나의 좋은 예다. 기존의 직업은 빠르게 사라져 실직자가 급증하고, 새로 생기는 직업은 새로운 역량을 요구하고 있어 일할 사람이 크게 부족한 상태여서 일자리의 불균형이 심화된 것이다.

로봇, 인공지능 설계, 딥 러닝, 신소재 개발, 인공위성용 차세대 로켓 설계 및 정비, 소립자 발견을 위한 입자가속기 설계 및 운용, 방사성 물질 제거, 실시간 대용량 데이터 스트리밍을 위한 새로운 통신 개발, 수천 도를 넘는 고열에 견딜 수 있는 소재 개발 등을 어떤 학교, 어떤 학원에서 가르칠 수 있을까?

이미 시작된 4차 산업혁명에서 전도유망한 직종은 어쩌면 현재 일하고 있는 노동자, 배우고 있는 학생들 스스로가 만들어내는 직종과 직업이 될 것이다. 그러므로 현재 대기업이나 공기업, 제조업체, 유통업체 등에서 종사하는 노동자는 미래에 대비해 공부해야 하며, 회사에 요구도 해야 한다. 그래야 4차 산업혁명 시대에 도태되지 않고, 개인은 물론 소속 기업과 나아가 사회와 국가까지 생존할 수 있기 때문이다.

인공지능과 로봇의 발달로 청년실업은 더욱 심각해질 것이다. 지금의 10대 자녀가 30대가 되었을 때 체감하는 실업률은 가늠하기조차 어렵다. 많은 일자리를 로봇과 인공지능, 무인 자동차, 3D 프린터에 내줄 것이다. 무엇을 하건 인공지능이 더 뛰어나다면 공부하거나 일할 필요가 있을까?

그러므로 중요한 것은 대입 입시를 위한 공부보다는 로봇이 대체할 수 없는 인간 본연의 감각, 즉 예술적 감각, 창의력, 직감, 통찰력, 인성, 유머 감각, 의미부여, 이야기 창조력 등을 키워나가는 것이 중요하다. 미래의 인공지능에 직업을 빼앗길 거면서 많은 돈을 들여 공부만 하고, 안정적인 직업을 갖기 위해 공무원 시험공부에만 매달린다면 취미생활과 청춘의 낭만도 포기한 채 책상물림으로 공부만 했던 시간을 후회할지도 모른다.

인공지능은 수치, 확률, 계산, 언어, 정보 수집, 분류 등 거의 모든 영역에서 인간보다 월등하다. 어떤 영역에 가서 어떤 자격시험을 보더라도 인공지능의 경쟁 상대가 되지 못할 것이므로 인공지능이 인간을 대체할 수 없는 영역에서 역량을 키우는 것이 미래를 위해 현명한 태도다.

인간미를 느낄 수 있는 서비스 분야, 독창성과 창의력이 필요한 분야, 봉사와 배려가 필요한 복지 분야, 인간의 정신과 마음을 위로하는 심리 분야, 인간의 잔 손길이 많이 가는 농업 분야 등은 인공지능이 좋은 보조수단은 되겠지만 사람을 대체하기는 어려울 것이다.

기술 진보에 따른 교육의 대응

기술 진보는 궁극적으로 노동시장에 긍정적인 영향을 끼쳐왔다. 일정한 시간 차이를 두고 일자리 수가 늘었고, 노동자에게는 근로조건이 개선되었다. 물론, 긍정적인 영향이 우리에게 닥칠 미래에도 지속할지는 우리 스스로 어떻게 대응해나갈 것인지에 달려 있다. 따라서 과거의 경험에 안주하지 말고, 급속한 기술 진보에 적극적인 자세로 대응해 가는 노력이 필요하다.

이러한 역사적 경험에 기반을 두고 미래 기술 진보에 따른 노동시장에 어떤 영향을 미칠지 많은 연구가 진행되고 있다. 주요 연구 결과에 따르면, 우리나라 노동시장 전체 일자리의 55%가 수십 년 사이에 컴퓨터로 대체될 것이다. 미국의 47%에 비하면 상당히 높은 편이다.

한국과 미국 노동시장의 이런 차이는 주요 직업의 대체 가능성의 차이에서 온다. 대체 가능성이 높은 판매 및 영업 직종의 일자리가 미국보다 한국에서 그 비중이 그만큼 더 높다는 얘기다. 우리 노동시장에서 의료, 교육, 법률 등 대체 가능성이 낮은 고숙련 서비스 일자리가 차지하는 비중은 미국의 절반에 불과하다는 점도 문제로 지적된다. 따라서 그런 양질의 일자리를 늘리기 위한 적극적인 정책지원이 필요하다.

4년제 대학 전공별로 컴퓨터로 대체할 확률이 높은 계열은 사회, 인문, 자연계열이며, 컴퓨터로 대체할 확률이 상대적으로 낮은 계열은 의약, 교육, 법률, 예체능 계열로 나타났다. 기술 진보에 따른 미래 전망과 전공별 취업률을 고려했을 때, 확률에 따라 골고루 분산된 형태로 강의 커리큘럼을 개선하고, 부전공 및 복수전공 제도의 유연한 활용 방안이 필요하다. 특히 인문사회 계열과 공학 계열 전공을 융합한 새로운 형태의 전공을 신설하는 정책적 대응이 필요하다.

기술 진보로 인한 미래 일자리가 불투명하다는 것을 사회에 첫 발을 내디뎠을 때 인지하게 되는 청년들의 현실을 개선하려면 유·초·중·고등 교육과정에서부터 교육제도 개선이 뒤따라야 한다. 우선 초·중등 교육과정에서는 미래 시장에서 필요로 하는 창조적 지능과 사회적 지능을 높이기 위한 교육과정이 필요하다.

창의성은 독서, 수학 등 기초교육을 통해 다양한 분야의 지식을 습득하여 창조적으로 결합하여 새로운 것을 만들어낼 때 발현된다. 단순 지식 전달 위주의 교육과정은 획일화된 인재만을 양성해낼 뿐이다. 개인의 잠재력이 최대한 발휘되고 타인의 감정을 이해하고 교감하는 능력을 가정과 지역사회 안에서 자연스럽게 훈련시키는 데 교육의 초점을 맞출 필요가 있다.

지금 부모 세대가 자녀 세대에게 줄 수 있는 것
3차 산업혁명 시대의

한가운데를 살아온 부모 세대가 4차 산업혁명의 새로운 흐름을 이루는 자녀 세대에게 미래에 대해 어떤 조언을 해줄 수 있을까.

1960~1970년대에 태어나 아직도 아날로그 향수에 젖은 부모 세대가 1990~2000년대에 디지털 세대로 태어난 자녀 세대에게 해주는 조언이 과연 자녀의 미래에 얼마나 도움이 될까.

지금의 부모 세대는 4차 산업혁명이라는 역사의 전환기에 서 있다. 1950~1960년대 베이비붐 시대에 태어난 부모는 은퇴 후의 삶을 즐길 여유라도 있겠지만, 불행히도 1970년대 이후에 태어난 부모 세대는 초저출산으로 인해 이래저래 어려운 처지다. 그러므로 힘들게 번 돈을 자녀의 비싼 사교육비로 소진하지 말고 부모 자신의 노후에 대비해야 한다. 그리고 자녀를 위해서는 20세 이전에 자립할 수 있도록 독서를 통해 창의력과 지혜를 스스로 기를 수 있는 환경을 제공하는 것이 바람직하다.

이제 취업을 준비하는 학생은 스펙이 아니라 미래에 관련된 지식을 쌓아나가야 한다. 눈앞에 닥친 앞날에 급하게 대비한답시고 특별한 조직을 만들고 특수한 기술을 익히는 것만이 생존 전략이 아니다. 각 개인과 조직이 미래 지향적인 시각을 바탕으로 새로운 기술과 노하우를 습득하는 데 꾸준히 노력하는 것만이 살아남는 길이다. 이 시대에 살아남으려면 하루하루가 쌓여 미래를 이룬다는 사실을 잊지 말아야 한다.

미래는 예측하는 것이 아니라 만드는 것이며, 생각보다 빨리 다가오므로 지금부터 준비해야 한다. 모두 코딩이나 알고리즘, 프로그래밍을 배울 필요는 없다. 그러나 사회구조가 어떻게 변할지 계속 관심을 기울이고, 정책 제안을 위해 목소리를 내고, 새로운 직업기술을 배워나가야 한다.

[이거 알아요?]

포스트코로나 시대, 지는 일자리 너머 뜨는 일자리

과거에는 소수의 강력한 권력을 가진 똑똑한 사람들이 비전을 세우고 실천 방법까지 결정했지만, 미래에는 자신의 능력과 위치를 인식하여 스스로 문제를 해결해 나가야 한다. 포스트코로나 시대를 사는 우리는 누구나 미래학자가 되어서 새롭게 뜨는 산업과 일자리를 미리 살펴보고 준비해야 한다. 기회는 준비된 사람만이 잡을 수 있다.

새롭게 뜨는 일자리

기술과 인공지능의 발전으로 기존의 산업과 일자리 중 상당수가 쇠퇴하거나 소멸할 것이다. 세계경제포럼은 2025년까지 전 세계 일자리의 52%를 기계가 대체한다고 전망했다. 세계미래회의(WFS)에서 발간하는 월간지 《퓨처리스트》는 20~30년 후에 새로운 일자리로 떠올라 각광받을 유망한 산업으로 인공지능 교육, 태양광발전, 대기 속 수분 수확, 드론, 3D, 4D프린팅, 모바일 앱 개발, 센서, 인공지능을 이용한 암 진단 및 면역 치료, LED, 빅데이터, 사물인터넷, 풍력발전, 대용량 에너지 저장 기술, 마이크로그리드, 초고속 교통운송, 공유경제, 스포츠, 코인, 바이오, 마이크로 칼리지, 스마트 주택, 고령 친화 업종, 택배, 24시간 도시를 위한 업종 등 24가지를 들었다.

사라지는 일자리

코로나로 인해 소멸하는 산업은 항공, 공항, 여행, 관광, 호텔 숙박업, 요식업, 유통업, 공연, 교육산업, 석유화학산업, 조선업 등이다. 새롭게 떠오르는 산업은 소멸하는 산업을 대체하는 산업이다. 항공, 공항 산업의 소멸로 화상회의가 부상하고, 여행이나 관광 대신 가상현실이 뜬다. 백화점이나 마트 대신 모바일 쇼핑이나 택배가 부상하고, 콘서트나 뮤지컬 등의 공연은 온라인 행사로 대체된다.

정권 때마다 바뀐
노동정책의 모순矛盾

정부가 국민에게 약속한 비정규직의 정규직화 및 사용 사유 제한, 노동시간 단축, 공공부문 일자리 창출 등의 노동정책들은 과거 정부에서처럼 실패로 돌아갈지도 모른다는 우려의 목소리가 높다. 일자리 양극화를 해소하기 위한 비정규직 보호법이 오히려 비정규직을 양산했고, 재벌 개혁조차 하지 못하고 있다는 점에 비추었을 때 공연한 우려만은 아니다. 정책을 수립하고 시행할 때는 멀리 내다보는 통찰력이 있어야 한다.

당장 눈앞의 효과만으로 판단해서는 안 된다. 어떤 정책이 집행될 때는 경제의 한 부문에서 더 빈곤한 부문으로 돈이 흐르게 된다. 끊임없는 갈등은 분열의 사회를 만들기도 하지만, 건강한 갈등은 해결 과정을 통해 인식 수준을 높이고 산재한 문제를 해결해나가는 데 힘이 되기도 한다.

"

십여 년간 추진된 신자유주의적 개혁의 성적표는 초라했다. 빈부 격차가 심화되고 빈곤 문제가 심각했으며, 부동산값 폭등, 비정규직과 교육 시장화 등 신자유주의에서 파생된 문제들이 악화일로로 돌아섰고, 이에 대한 반감으로 노무현 정부의 지지도도 바닥까지 떨어지고 말았다.

"

01

김대중 · 노무현 정부의 노동정책은 무엇을 남겼나

불평등을 완화하고자 한 '좌파 신자유주의' 정책

노무현 정부는 출범

당시부터 신자유주의적 프레임 안에서 동북아 금융 허브 추진 전략이나 금융시장 활성화 전략을 내세워 안정적인 금융시장 질서를 부여하고자 했다. 이때 한국의 재벌과 자본 세력은 이전 정권에서도 누리지 못한 시장의 자유와 권력을 향유했다. 더욱 흥미로운 점은 과거부터 권력을 가진 엘리트 일부가 김대중 정부와 타협해 갔다면, 노무현 정부에서는 핵심 엘리트들로 구 관료들을 교체해가면서 신자유주의의 브레인 역할을 자처하고 나섰다는 점이다. 정권을 유지와 자본주의 위기 관리에 필요한 인재 풀이 부족했던 노무현 정부에서 새로운 핵심 엘리트 집단은 다양한 방식으로 충원되면서 교체되었다.

김대중 · 노무현 정부의 노동정책은 세계적 추세를 무시하지 못한 '좌파 신자유주의'로 요약된다. 1997년 외환위기 이후 우리나라는 자본시장의 자유화와 노동시장의 유연화 그리고 각종 제도적 규제 완화 등 신자유주의 정책을 도입하는 반면에 사회복지 관련 지출을 늘리고 재벌의 횡포로부터 자영업자의 골목상권을 보호하는 법안을 제정하는 등 불평등을 완화하고자 노력하였다.

김대중 정부 때 노동계 이슈는 정리해고, 파견 허용, 기초생활보장제 도입이었고, 노무현 정부 때 노동계 이슈는 비정규직법 2년 제한, 차별시정, 주 40시간제 도입 최대 68시간, 최저임금 인상이었다.

노사관계 로드맵, 무엇이 문제인가

2003년 9월 4일에 발표한 '노사관계 법·제도 선진화 방안노사관계 로드맵'은 국가가 추구하는 새로운 노동체제의 청사진이었다. 노동시장이 경직됐다며 이 로드맵에 따라 노동시장 유연화를 추진하기도 했다. 로드맵에는 파업 시 무노동 무임금 원칙을 기존대로 유지하고, 노조 전임자 임금을 최소기준으로 지원하고 초과 지원 시 제재하고, 사업장 내 복수노조 교섭창구를 단일화하며, 공익사업장의 쟁의에 대체근로를 허용하는 것 등이 포함되었다. 이는 신자유주의적 노동 환경을 제도화한다는 의도로 볼 수 있다.

노사관계 로드맵은 합법적 파업에 대해서도 대체근로를 허용하고 파업 전에 일정한 조정기간을 거치도록 하는 현행 조정전치주의 제도를 폐지하고, 노조가 곧바로 쟁의행위에 돌입할 수 있도록 확대하는 등 노동자들의 파업권은 크게 신장된 반면에 사용자의 대항권은 위축되어 심각한 노사 불안 요인으로 작용될 우려가 컸다.

기존 여건에서도 노동자들은 파업기간 중 임금을 사실상 보전 받는 등 파업을 해도 별 피해가 없는 반면, 기업은 생산 차질과 매출 손실 등 직접적인 타격을 입게 되었다. 이렇게 사용자가 크게 불리한 입장에 놓임으로써 파업을 하기가 더 쉬워지게 한 노사관계 로드맵은 노사관계 힘의 균형을 무너뜨려 노조가 더욱 강성을 띠도록 만들었다.

경영상 해고의 엄격한 기준을 유지하고 노사협의회 의결사항을 합의사항으로 전환하는 등 노동 유연성보다 고용 안정성에 더 비중을 두고 있어 노동시장의 유연성 제고라는 당초 제도 개선 취지와도 상당한 거리가 있다는 비판을 받았다.

당시 이 중 일부는 노무현 정부에서 노동조합 및 노동관계조정법노조법 개정을 통해 입법·시행했고, 일부는 이명박 정부에서 그대로 이어받아 입법·시행했다. 단결권 등 노동기본권만이 아니다. 근로기준제도의 유연성을 높이겠다며 정리해고 등 해고요건을 완화하고, 임금 피크제와 성과주의 임금 제도를 확대하는 노동관계 개혁을 추진하기도 했다. 그러나 오늘날 이 나라에서 대표적으로 노동자의 노동기본권을 제약하는 악법, 즉 노조 전임자 급여 지급 금지 및 근로시간 면제 금지 제도, 복수노조 교섭창구 단일화 제도가 탄생할 빌미를 제공하기도 했다.

초라한 신자유주의적 개혁의 성적표

노무현 정부는 투명 경영과 건강한 노동이 대등한 위치에서 서로를 동반자로 삼아 협력하면서 국민경제를 위해 함께하는 상생의 노사관계를 추구한다고 선언하고 정책을 마련해 추진했다. 대통령 취임사에서 **사회적 힘의 균형에서 노동계보다 경제계가 더 세므로 향후 힘의 불균형을 시정하겠다고 한 노무현의 노동정책이었다.**

2003년 9월에 발표한 노사관계 로드맵에서 그해 안에 노사관계법·제도 선진화 방안은 최소한의 방향을 제시하고 노사 간 합의가 안 되더라도 추진하겠다며 밀어붙였다. 한마디로 노무현 정부 5년은 노동자로서는 노동권이 향상될 것이라는 기대가 무너져가던 시간이었다. 그리고 파견근로자보호 등에 관한 법률파견법, 기간제 및 단시간근로자 보호 등에 관한 법률기간제법 등 노무현 정부에서 입법된 비정규직법은 이후 이명박·박근혜 정부를 거치면서 비정규직의 나라로 만들고 말았다.

십여 년간 추진된 신자유주의적 개혁의 성적표는 초라했다. 빈부 격차가 심화되고 빈곤 문제가 심각했으며, 부동산값 폭등, 비정규직과 교육 시장화 등 신자유주의에서 파생된 문제들이 악화일로로 돌아섰고, 이에 대한 반감으로 노무현 정부의 지지도도 바닥까지 떨어지고 말았다.

　자본시장이 자유화되면서 투기성 소득이 늘고, 노동시장이 유연화되면서 임금 격차가 심각하게 벌어지고 비정규직 비율이 크게 늘어났으며, 정규직도 고용 불안에 떨게 됐다. 사회복지 지출은 늘었지만, 시장 자유화로 강화된 불평등 요인으로 인해 소득 분배가 비교적 평등한 편이던 우리나라는 경제협력개발기구OECD 회원국 중 꼴찌에서 두세 번째일 정도로 불평등한 나라가 되고 말았다.

66

지난 20년을 돌아보면, 노동자들에게 신자유주의에 노출된 우리 노동시장은 국가는커녕 변변한 보호 장치도 없는 지옥이었다. 쌍용차 정리해고와 파업을 진압하는 과정에서 국가가 보호막이 되기는커녕 오히려 폭력이 되어 노동자들을 죽음으로 몰아갔다. 마땅히 노동자들을 보호해야 할 노동부는 쌍용자동차 노조 편이 아니었다.

99

이명박 · 박근혜 정부의 노동 통제 정책

노동 삼권 보장의 책임은 국가에게 있다

계약의 자유를 중요시하는 자본주의 체제에서 노동 삼권, 즉 단결권 · 단체교섭권 · 단체행동권은 대한민국 헌법에서 보장하고 있다. 시장에서 자본과 노동 간에는 힘의 불균형이 발생할 수밖에 없다. 따라서 국가는 자본에 대한 노동자들의 구조적 취약성을 인식하여 노동자 편에서 힘의 균형이 이루어지도록 제도와 기구로 지원해야 한다. 그렇게 해야 자본주의 체제가 유지된다. 만약, 노동 삼권이 제대로 보장되지 않는다면 그것은 개별 자본의 책임만이 아니라 국가 책임이다.

노동 삼권에서 단결권은 근로조건을 개선하기 위해 사용자와 협상할 수 있는 노동자단체를 조직할 수 있는 권리다. 일반적으로 노동조합 결성권을 의미하지만, 그 조직이 반드시 노동조합일 필요는 없다. 단결권은 노동자가 조직에 자유로이 가입 · 탈퇴할 수 있으며, 또 노동자조직 가입을 이유로 불이익 처분을 받지 않을 권리를 의미한다. 사용자가 이를 침해하면 부당행위가 된다.

단체교섭권은 노동자 단체가 근로조건의 개선을 위해서 사용자와 교섭할 수 있는 권리다. 노동조합과 사용자 간의 단체협약은 사법적 계약에 비해 보다 일반적인 보호를 받는다.

그리고 단체행동권은 근로조건의 개선을 위하여 정상 업무를 방해하여 노동자의 요구를 관철하기 위한 사용자에 대한 압력 수단으로 쟁의권이라고도 한다. 동맹파업·불매운동·감시행위·생산관리 등이 주요 쟁의 수단이다. 단체행동권은 사회경제질서에 미치는 파장이 크기 때문에 그 행사요건이 까다롭다. 또 사용자에게 미치는 타격이 커서 노동자의 단체행동에 대해서 사용자에게 직장폐쇄를 할 수 있는 대응수단이 인정된다.

정책으로 충분히 실행되지는 않았지만 이명박 정부의 노동정책은 몇 가지 측면에서 이전 정부들과 분명하게 구분되었다. 이명박 정부의 노동계 이슈는 비정규직 기간 연장실패, 워크 쉐어링 타협으로 선명한 시장주의 유연화 전략과 규제 개혁, 노동 개혁 의제가 사라졌고, 계급 편향성이 더 분명하게 드러났으며, 억압적 요소가 크게 강화되었다. 제3자 개입, 복수 노조, 공무원 및 교원 단결과 노조의 정치 활동 금지 조항 등과 같은 악법 조항은 비민주적일 뿐만 아니라 일상적인 사회관계를 부정한 국가 폭력을 보여주었다.

노동자를 죽음으로 몰고 간 신자유주의적 노동시장

지난 20년을 돌아보면, 노동자들에게 신자유주의에 노출된 우리 노동시장은 국가는 커녕 변변한 보호 장치도 없는 지옥이었다. 쌍용차 정리해고와 파업을 진압하는 과정에서 국가가 보호막이 되기는커녕 오히려 폭력이 되어 노동자들을 죽음으로 몰아갔다. 마땅히 노동자들을 보호해야 할 노동부는 쌍용자동차 노조 편이 아니었다. 수많은 비정규 노동자들이 처한 현실에 대항하여 저항할 때면 공권력과 물대포, 천문학적인 액수의 손해배상금, 가혹한 사법 처리 절차 등이 기다리고 있었다. 지역 거점 노조에 대한 집단적인 탄압이 이루어지면서 국가 권력과 자본이 맞물려 있었다. 의도적으로 교섭을 결렬시켜서 노동자들의 대응을 유도하고, 국가 권력이 개입해서 노동조합을 폭력적으로 탄압하고, 주요 인물들을 수배하고 해고했다. 지역별로 민주 노조의 주요 거점 노조 한두 개를 타깃으로 잡아서 치밀한 계획 아래 파괴했다.

이명박 정부가 이렇게 계획적으로 민주 노조를 파괴하고 쌍용자동차, 한진중공업 등 노사 현안도 외면하여 노동자들이 잇따라 스스로 목숨을 끊은 사건이 정치적 문제로까지 확대되면서 이러한 정치적 부담을 박근혜 정부가 어떻게 풀어갈지 눈길이 쏠렸다.

일자리 이데올로기의 귀환

박근혜 정부의 노동계 이슈는 60세 정년, 쉬운 해고 지침, 성과 연봉, 파견 확대로 요약된다. 대표적 노동 이데올로기는 '일자리 이데올로기'였다. 노무현 정부 이래 핵심 통제 수단이었으나, 박근혜 정부에 와서 고용률 70% 달성, 일자리 늘지올, 양질의 시간제 일자리 등으로 크게 확대되었다. 일자리는 항상 구직난에 허덕이는 노동자들에게 절박한 문제였는데, 박정희 정부 시대의 눈부신 경제성장과 고용 확대에 대한 기억을 회상하게 되면서 효력이 배가된 것이다.

우리 사회는 이미 양극화, 가계 부채, 일자리 문제 등으로 인해 사회적 불만이 폭발하면서 감당할 수 있는 한계를 넘어섰다. 박근혜는 유신 독재 시절 퍼스트레이디 역할을 수행하면서 국가권력이 국민을 일사불란하게 통제하는 강압정치를 배웠고, 통제될 수 없는 사회적 불평불만이 폭발하면 어떤 결과를 가져오는지를 그 누구보다 잘 알았다.

박근혜는 대통령 선거 공약에서 비정규직과 저임금 노동자 보호를 명목으로 한 정책을 내놨다. 비정규 노동자의 정규직 전환과 노동 시간의 단축, 공공부문 청년 고용 확대, 최저임금 인상, 공무원 증원, 정리해고 요건의 완화 및 고용 재난 지역 선포, 복수 노조 창구 단일화 개선, 불법 파견 시 직접 고용 명령 등의 공약은 매우 개혁적이었다. 10대 공약 중 하나인 일자리 공약으로 '늘지올'를 제시하였다. 좋은 일자리는 '늘' 리고, 현재 일자리는 '지' 키고, 일자리의 질은 '올' 리겠다는 의미였다.

그러나 **일자리 질은 더 나빠졌고, 다수가 저임금층인 비정규직들은 여전히 빈곤에 시달렸으며 노동시장 내 불평등은 더 확대되었다.** 선거운동 때와는 달리 당선 직후 공약을 대폭 수정하면서 노동 관련 공약은 거의 이행하지 않았기 때문이다. 이전 정부가 노동 관련 공약을 집권 이후 일정한 시행착오를 거쳐 조금씩 수정하거나 후퇴한 것에 비해, 박근혜 정부는 핵심 공약을 일거에 폐기해 버린 것이다.

특히 지적해야 할 문제는, 비정규 노동 정책을 입안하고 집행하는 과정에서 누구보다 목소리를 내야 할 비정규직 노동자들의 노동권이 여전히 제약되고 있다는 점이다. 계약 해지 위협, 블랙리스트 존재 등으로 헌법상의 단결권조차 행사하지 못하는 경우가 많고, 설사 노조를 설립하거나 노조에 가입하더라도 '누가 사용자인가' 라는 논란으로 실질적인 교섭을 하지 못하는 사례도 허다했다. 비정규직의 낮은 조직률은 노동조합에도 책임이 있겠지만 단결과 교섭을 저해하는 법 조항과 기업의 인식에 더 큰 책임이 있다.

임금 불평등 정도를 보여주는 지니계수를 경제활동인구 조사 결과를 바탕으로 살펴보면, 김대중 · 노무현 정부 때 각각 0.329와 0.339였다가 이명박 · 박근혜 정부 때 각각 0.347과 0.341을 기록하였다. 지니계수가 1에 가까울수록 불평등하다는 의미다. 보수정부 집권 기간 동안 불평등이 심화되었음을 확인할 수 있다. 박근혜 정부 기간만 보더라도 집권 초기와 비교하면 소득 격차는 더 확대되었다. 상위 10%와 하위 10% 임금 격차는 2013년 8월 5.00배에서 2016년 8월 5.63배까지 증가했다.

2016년 여름 이후 드러나기 시작한 국정 농단 사태에 따라 국정 운영의 동력은 거의 상실했다. 그 정부가 지난 4년 동안 펴왔던 노동정책은 빈곤과 불평등 심화, 노동자들의 고용 안정성과 근로조건 악화로 귀결되고 말았다.

비정규 노동 정책을
입안하고 집행하는 과정에서
누구보다 목소리를 내야 할
비정규 노동자들의 노동권이
여전히 제약되고 있다.

66

재벌의 독점자본과 국가의 과도한 노동 통제는 저항을 낳게 마련이다. 경제적 양극화에 유사 파시즘, 극우 포퓰리즘, 극단적 신자유주의로치달은 정권이 이어지면서 불안과 불신에 이어 분노가 싹텄고, 결국 이게 나라냐고 외친 수천만의 촛불 항거로 대통령이 탄핵되는 정국으로까지 이어졌다.

99

촛불 혁명과 노동 통제 전략의 이분법

민주주의를 내걸고 노동권을 탄압하는 까닭

이명박 · 박근혜 정부는
복수노조 허용, 노조 전임자 임금 지급 금지를 담은 노동법 시행과 같
은 기업 친화 정책으로 펴는 한편 이에 반발하는 노조를 통제하는 정
책을 일관되게 펼쳤다. 이로 인해 노동계는 노조 교섭력이 약해지고
노동소득분배가 악화된다는 의견을 피력했지만, 정부는 노조 기득권
탓만 하면서 노사 · 노정 갈등을 조장했다는 평이 많았다. 노동기본권
보장 대신 기업 활동을 위한 규제 완화에 치중하였다. 특히, 노동 분야
규제 개선 대상을 선정하면서 민주적 절차에 의한 공론화보다는 사용
자 민원을 그대로 받아들여 정부가 규제 개혁 해결사 역할을 자처해
갈등을 조장했다.

박근혜 정부의 노동 개혁안의 내용은 임금, 노동시간 등 자본의 경
제적 이익을 직접적으로 보호하면서 기간제 및 파견제와 같은 비정규

직 노동을 확대하고, 일반 해고를 도입함으로써 노동자 보호 제도를 무력화하고자 했다. 이런 의제는 결국 노동조합의 통제를 목적으로 하는 의제였다. 일반 해고나 취업 규칙의 변경이 허용될 경우 노동조합이 설 자리는 없어진다.

민주 정부를 자처한 박근혜 정부는 기본적인 노동권과 시민권을 제한함으로써 국가 폭력을 빈번하게 사용하였다. 노동조건이 후퇴하는 것에 찬성할 노조는 당연히 없다. 민주노총과 한국노총까지 강하게 저항하고 나섰다. 권력을 동원한 온갖 통제 수단으로 **노동자의 권리를 억압하는 노동 통제 정책은 노동시장의 유연화라는 표면적 명분에도 불구하고 속내에는 노동권을 인정하지 않는 일사불란한 국가체제의 향수가 어려 있다.**

노동시장을 개혁한다면서 노동권을 억압하는 이유

노동계의 강력한 반발이 예상되는데도 무리하게 노동권을 억압하면서 노동시장 '개혁'을 몰아붙인 이유는 뭘까?

그 이유는 재벌의 입맛에 맞는 노동시장 환경을 조성하기 위해서였다. 노동은 경제 성장을 위한 물적 자원으로써 자본의 요구에 철저하게 순응해야 하는 존재에 불과했다. 재벌의 자본은 경제민주화가 아니라 노동시장의 유연화, 비정규 노동 확대와 비용 절감, 인력 감축과 구조 조정을 원했다. 이러한 자본의 요구와 정치적 이해관계가 맞아떨어진 박근혜 정부가 만났으니 국가정책에 직접 반영되어 충실히 이행된 것이다.

그러나 재벌의 독점자본과 국가의 과도한 노동 통제는 저항을 낳게 마련이다. 경제적 양극화에 유사 파시즘, 극우 포퓰리즘, 극단적 신자유주의로 치달은 정권이 이어지면서 불안과 불신에 이어 분노가 싹텄고, 결국 '이게 나라' 냐고 외친 수천만의 촛불 항거로 대통령이 탄핵되는 정국으로까지 이어졌다.

김대중·노무현·이명박·박근혜 정부의 노동지표 분석에 따르면, 지난 10년간 임금·소득 불평등이 지속적으로 악화되었음을 알 수 있다. 김대중 정부 때부터 임금인상률이 경제성장률에 미치지 못하는 '임금 인상 없는 경제 성장' 이 지속되었다.

실질적으로 노동 삼권이 보장되지 못하고, 그 결과로 노조 조직률 10% 이하를 밑도는 무노조 사회, 전교조와 공무원 노조의 단결권 박탈, 특수 고용 노동자의 무권리를 가져왔다. 노동조합을 귀족이나 이기주의 집단으로 치부하고, '파업은 불법이며 죄 없는 시민에게 불편함을 안겨준다' 는 잘못된 상식이 통하는 사회로 만든 것이다.

촛불 혁명 이후에도 여전한 노동 환경

촛불 혁명 이후에도 여전히 노동의 환경과 질이 나아지지 못하고 노동자들의 삶은 악화되었다. 새로운 정권은 단순히 적폐 해소가 아니라 노동 개혁 핵심에 다가가 각종 노동 억압이나 시장 만능주의 정책을 폐기하고, 종속 신자유주의 노동 체제의 모순을 완전히 극복해야 한다.

한국노동사회연구소의 조사에 따르면, 이명박·박근혜 정부 동안 불평등은 심화하고 노동기본권은 후퇴하면서 노사관계가 최악으로 치달았다. 최저임금제도 개선으로 국민의 기본적인 생존권을 보장하고 노동 삼권을 강화해야 한다. 특히, 노동자 스스로 권리를 지키고 확장할 수 있도록 노조 구성 권리를 보장해야 한다는 주문이 많았다.

노동자들에게 노동조합을 결성할 권리만 줘도 스스로를 지키면서 사회개혁을 추진해나갈 수 있을 것이다. 따라서 노동을 존중하는 사회적 대화와 함께 노동기본권을 확대해야 한다. 노동 지옥이 사회적 이슈가 되었을 때마다 희망의 불을 밝힌 것은 노동운동이었다. 시민이 일어나 촛불을 밝혔을 때 노동 존중이 이루어졌다는 것을 기억해야겠다.

노동조합을 귀족이나
이기주의 집단으로 치부하고,
'파업은 불법이며 죄없는
시민에게 불편함을
안겨준다' 는 잘못된 상식이
통하는 사회로 만든 것이다.

"

젊은 세대의 건강한 비판의식과 함께 일어서자는 연대의 힘, 촛불 혁명으로 새로운 정권을 탄생시킨 민중의 힘이 노동 개혁으로 다시 희망을 갖게 할 수 있다. 끊임없는 갈등은 분열과 분쟁의 사회를 만들기도 하지만, 건강한 갈등은 해결 과정을 통해 인식의 수준을 높이고 산재한 문제를 해결해나가는 데 힘이 된다.

"

문재인 정부의 노동정책 오류

기울어진 노동시장 어떻게 바로 세워야 하나

박근혜 정부는 '노동 개혁' 이라는 미명하에 노동 환경을 되레 악화시켰다. 촛불 혁명의 염원을 안고 출범한 문재인 정부는 이렇게 기울어진 노동시장을 바로잡고자 '노동 존중' 을 내걸었다. 사용자 위주로 기울어진 노사관계의 운동장을 바로 세우겠다는 의지로 노동정책의 방향을 설정하고 추진해왔지만, 그 과정에서 전체를 아우르는 통찰과 변화를 매끄럽게 유도하는 섬세함이 떨어졌다는 비판도 있다. 무엇보다 요란한 전시효과에 비해 지속적인 정책 달성 노력이 부족했다는 평가가 지배적이다. 한마디로 용두사미의 정책이 많다는 것이다.

특히 공공부문 정규직 전환 과정에서 전환 형태와 규모에서 갈등을 일으킨 것이 하나의 실례다. 전체 노동자 하향평준화 전략을 추진했던 과거 정부와는 달리 비정규직 감축, 주 52시간제 도입, 2020년까지 최저임금 1만 원 달성, 상시적 위험 작업 사내하도급 전면금지 등 노동 존중 공약을 내걸었지만 정책 실현에서는 실패한 바가 많다. 많은 부분 대선 공약을 지키기 못했을 뿐더러 전반적인 노동정책에서 실패한 것 아니냐는 지적이 나온다. 공공부문의 정규직 전환을 국정 과제로 삼고 비정규직 노동자를 정규직으로 전환하고 전환 대상에 간접고용까지 포함한 것은 이전 정부와는 차별화된 정책이었다. 그러나 전환이 결정된 인원은 과반수에 미치지 못한 점이 한계로 꼽혔다.

'최저임금 1만 원' 대선 공약은 왜 물 건너갔을까

정부는 '2020년까지 최저임금 1만 원 달성' 공약을 결국 포기했다. 최저임금위원회는 최저임금을 2018년 16.4% 7,530원, 2019년 10.9% 8,350원로 올리면서 공약 실현 의지를 보였다. 하지만 2020년과 2021년 최저임금 인상률은 각각 2.87% 8,590원, 1.5% 8,720원로 급락했다. 이처럼 빠르게 최저임금 1만 원 공약을 철회한 이유는 재계와 보수 언론의 총공세에 따른 패배이며, 소득 주도 성장의 중도 포기라는 결과로 이어졌다. 최저임금이 대폭 인상되면서 기업 경쟁력이 약화되었기 때문이다.

이루겠다고 하지만 이루어진 적 없는 재벌 개혁, 하루가 머다 하고 터지는 갑질 논란, 각종 가맹사업법 위반, 여전히 사각지대에서 보호

받지 못하는 소상공인, 안전과 보호 장치가 없는 노동자들, 해결해야 할 노동·경제·산업 시장의 문제점이 속속 드러났다.

문재인 정부가 국민에게 약속한 비정규직의 정규직화 및 사용 사유 제한, 노동시간 단축, 공공부문 일자리 창출 등의 노동정책들은 과거 정부에서처럼 실패로 돌아갈지도 모른다는 우려 속에서 일자리 양극화를 해소하기 위한 비정규직 보호법이 오히려 비정규직을 양산했다. 의욕을 보인 재벌 개혁도 지지부진하면서 또 물 건너 가는 거 아니냐는 질책이 쏟아지고 있다.

전환점에 선 노동정책

노동 배제, 기업별 노조주의, 노동시장 유연화 등을 특징으로 한 신자유주의 노동체제는 문재인 정부가 들어서면서 전환점을 맞았다.

우선, 문재인 정부 4년 동안 노동조합 활동에 대한 노골적인 공권력 탄압은 줄어들었지만, 손해배상 소송·가압류 등 법률적 수단을 이용한 단체행동권 통제 관행은 크게 바뀌지 않았다.

둘째, 기업별 노조 체제를 극복하고자 했지만, 정부와 기업의 뿌리 깊은 반노조 정서로 인해 제도 개선은커녕 기업 단위 교섭을 사실상 강제하는 조항을 유지하도록 만들었다.

셋째, 노동시장 유연화 흐름을 제어하는 데도 효과를 거두지 못했다. 공공부문 비정규직의 정규직 전환과 비정규직 사용을 규제하는 제도가 이행되지 못한 것이다. 박근혜 정부에서 실패한 것으로 드러난 노동시간 유연화 정책이 '탄력적 근로시간제' 와 '선택적 근로시간제' 라는 바뀐 이름으로 확대되어 시행되었다.

불평등 해소 정책으로 제시한 '최저임금 1만 원 조기 달성' 은 물 건너가고, 연평균으로 따지면 결국 역대 정부 인상률과 큰 차이가 없어 최저임금을 급상승시켰다는 인상만 남기고 노동시장 유연화 흐름을 변화시킬 수 있는 제도 마련에 실패했다.

노동정책이 자꾸 실패하는 이유는

노동정책이 성공하려면, 경제의 현주소를 민감하게 파악하는 한편 기업들을 효과적으로 설득해야 하고, 노동사회에 대한 통찰과 현실 인식이 깊어져야 한다. 노동자들의 노동운동은 단순히 정부의 정책을 따라가는 데 급급하기보다는 스스로 비판의식을 키우고 역량을 강화하는 데 중점을 두어야 한다.

돈놀이보다는 정직한 노동을 기본으로 삼고 존중하는 사회, 노동기본권을 당연한 권리로 인식하고 노동조합 활동을 보장하는 사회, 초·중등 교육과정에서부터 노동권 교육을 통해 노동에 대한 인식을 제고

하는 사회로 나아갈 필요가 있다.

그런데 현실은 100만 원 버는 노동자가 200만 원을 버는 노동자를 비판하고, 200만 원 버는 노동자는 300만 원 버는 노동자를 비판한다. 공무원, 대기업 직원, 교수 등을 지칭하며 '귀족 노동자' 니 '철밥통' 이니 하면서 편 가르기와 갑을 논란, 흑백논리 등과 같은 분열과 혐오가 심화되고 있다.

어쩌다 우리 사회가 이 지경이 된 걸까

정부와 자본과 언론이 암묵적으로 결탁하여 여론을 호도하여 노동환경과 노동시장을 왜곡시켰기 때문이다. '노동 존중 사회'를 슬로건으로 내건 문재인 정부에서도 노동조합을 불온한 시선으로 바라보았고, 조합의 교섭과 단체행동이 기업을 망치고 경제를 좀먹은 원흉으로 간주하는 부정적인 사회적 인식은 여전히 개선되지 않았다.

최저임금을 한없이 올리고 비정규직이 전무한 노동환경을 만들자는 것이 아니다. 최소한 OECD 국가 평균만큼의 노동환경이라도 만들자는 것이다. 최저임금 1만 원을 주지 못하는 소규모 자영업자들을 구제할 제도 마련과 같은 섬세한 정책이 필요하다.

젊은 세대의 건강한 비판의식과 함께 일어서자는 연대의 힘, 촛불 혁명으로 새로운 정권을 탄생시킨 민중의 힘이 노동 개혁으로 다시 희망을 갖게 할 수 있다. 끊임없는 갈등은 분열과 분쟁의 사회를 만들기도 하지만, 건강한 갈등은 해결 과정을 통해 인식의 수준을 높이고 산재한 문제를 해결해나가는 데 힘이 된다.

노동자들의 노동운동은
단순히 정부의 정책을
따라가는 데 급급하기보다는
스스로 비판의식을 키우고
역량 강화에 중점을
두어야 한다.

"

우리나라는 정상에서 어깨를 나란히 할 수 있게 되었다. 지금은 몸집이 커지면서 당당히 선진국의 대열에 섰음에도 여전히 강한 나라를 부러워하고 눈치를 본다. 다행히 확실한 것은 기성 세대에 비해 젊은 세대는 다른 환경에서 나고 자라서인지 이런 콤플렉스가 적다. 문제는, 정책을 수립할 때 이런 콤플렉스가 전 세대에 영향을 미칠 수 있다는 것이다.

"

05

스스로를 벼랑 끝으로 내모는 노동정책

선진국 콤플렉스가 조급하게 만들어

대한민국은 콤플렉스를 가지고 있다. 콤플렉스는 욕망에서 비롯된다. 우리나라는 일찍이 선진국 콤플렉스가 있었다. 가난하고 작은 땅덩어리에 사는 우리 국민은 급변하는 산업화 시대를 거치며 선진국에 대한 부러움과 열망이 있었다.

우리나라는 세계 최고의 후발 추격 국가였다. 한국전쟁의 폐허에서 경이로운 속도로 눈부신 경제 성장을 이루었다. 당시에는 선진국 사례가 있었기에 무조건 따라 하기만 해도 중간은 갔다. 그 중간을 사다리 삼아 우리는 정상에서 어깨를 나란히 할 수 있게 되었다.

지금은 몸집이 커지면서 당당히 선진국의 대열에 섰음에도 여전히 강한 나라를 부러워하고 눈치를 본다. 다행히, 기성세대에 비해 젊은 세대는 다른 환경에서 나고 자라서인지 이런 콤플렉스가 적다. 문제는, 정책을 수립할 때 이런 콤플렉스가 전 세대에 영향을 미칠 수 있다는 것이다.

그동안 수많은 논란을 겪고서도 여전히 노동정책의 방향성을 잡지 못하고 있고, 선진국의 목표가 무엇인지 정확히 파악하지도 않은 채, 그들이 가니까 따라가겠다는 모방형 노동 정책이 우리나라를 오히려 벼랑 끝으로 내몰고 있다.

선진국이 된다는 것은 이제 뒤보다 앞에 있는 나라가 적다는 것이며, 모방할 선례가 점점 줄어드는 것을 뜻한다. 짧은 호흡이 아니라 긴 호흡으로 먼 미래까지 봐야 하며, 나라 전체가 앞으로 어떤 방향으로 나아가야 할지 사회 구성원이 합의해나가야 한다는 것이다.

기본소득, 실업 문제의 만능열쇠인가

핀란드에서는 2017년부터 2년 간 매달 560유로약 75만 원를 무작위로 선정된 2,000명의 실업자에게 아무 조건 없이 지급하는 실험을 했다. 핀란드가 기본소득 실험을 한 이유는 이웃 스웨덴 등에 비해 낮은 고용률과 높은 실업률로 인해 늘어나는 복지 지출과 재정 적자 확대 등의 문제로 골머리를 앓았기 때문이다. 높은 실업률의 원인에는 핀란드의 실업보험이 있었다. 워낙 복지가 좋다 보니 노동소득이 있으면 복지 혜택이 줄어든다는 문제가 있었는데, 결과적으로 기본소득 지급은 노동 상황을 개선하지 못했다.

물론 단순히 실업 복지 혜택 때문에 실업률이 높은 것은 아니다. 경력이 많거나 나이가 많아 구직 경쟁력이 떨어져 실업 상태인 사람들도 많았기 때문이다.

기본소득이 실업 문제를 해결하는 만능열쇠는 아니지만, 생활비 마련의 부담감을 줄여 좋아하는 일을 할 수 있도록 함으로써 행복감을 높여주는 역할을 한다. 그러나 기본소득은 장기적으로 국가 재정 부담을 늘려 의존도를 높이고, 노동자의 생산성을 높일 수 있는 능력을 궁극적으로 위축시키는 결과를 낳는다.

경제가 성장하려면 노동자의 생산성이 확대되어야 한다. 생계를 위해 생산적인 노동을 하던 노동자가 생계 유지를 위해 정치로 초점을 옮기게 되고 점점 더 큰 액수를 요구하게 된다. 그렇다면 더 많은 세금이 필요한 정부는 징벌 성격의 세금을 더 많이 올릴 수밖에 없다.

서울시의 모방 정책, 진정으로 청년을 위한 길인가

서울시는 이를 모방하여 서울시에 거주하는 만 19~34세 미취업 청년들의 구직 활동을 촉진하는 수당으로 매월 50만 원을 최대 6개월간 지급한다. 경기도 청년기본소득은 만 24세 도내 거주 청년에게 분기별 25만 원씩 모두 100만 원을 지역화폐로 지급하는 제도다. 2019년 4월 전국에서 처음으로 도입해 2020년 분기별로 평균 13만 9,000명이 혜택을 누렸다. 정책을 실시하기 전에 실험하는 것은 권장할 만한 사안이지만, 그것을 전면 실시하는 것은 신중하게 검토할 필요가 있다.

정책을 실현할 때는 멀리 내다보는 통찰력이 있어야 한다. 당장 눈에 보이는 효과만으로 판단해서는 안 된다. 어떤 정책이 집행될 때는 경제의 한 부문에서 더 빈곤한 부문으로 돈이 옮겨 간다. 노동자의 생산성을 늘려 소득을 높이는 데 세금이 쓰여야 하는데, 눈에 보이지 않는 장점을 찾겠다고 자본을 투입하면 결국 사회의 다른 생산적 부문에서 자원과 자본을 빼내는 결과를 가져온다.

진정으로 청년을 위한다면, 현금으로 마음을 위로하는 휘발성 정책을 내세울 것이 아니라 구조적으로 제도를 개혁하여 공정한 기회를 주는 데 우선해야 한다. 제도 개혁은 개혁대로 하고, 기본소득 검토는 그것대로 해나가야 한다. 선거 슬로건으로만 기본소득을 이용하여 성급하게 현금 지원을 할 것이 아니라 역량을 맘껏 펼치고 공정한 기회를 주는 것, 취업의 어려움을 구조적으로 해소하고자 노력하는 것이 진정으로 청년을 위하는 길이다.

문재인 정부의 노동정책, 어설픈 채로 겉돌아

앞에서 말했듯이 문재

인 정부의 노동정책은 촛불 혁명의 기대에서 출발했다. 그러나 숙성은 커녕 준비 기간조차 짧은데다가 높은 기대를 성급하게 충족시키려다 보니 어설픈 채로 겉돌 수밖에 없었다. 뜸도 안 들인 밥을 퍼내려다 보니 좋은 의도가 나쁜 결과로 흐르고 만 것이다.

정부 초기에 최저임금 인상, 주 52시간 노동 상한제 등을 추진하며 노동 친화의 방향을 분명히 내보였지만 중대재해처벌법 처리, 인천국제공항 정규직 전환, 모빌리티 플랫폼 타다 사태 등 굵직한 국면에서 대처에 한계를 드러내며 경영계와 노동계 모두의 불신을 샀다.

더욱이 코로나 사태로 인해 최저임금 인상 등 영세 자영업자에게 치명타가 될 공약 정책을 포기해야 하는 혼선에 빠졌다. 어찌 보면 문재인 정부는 정치·경제적으로 양립하기 어려운 두 마리 토끼를 쫓다가 다 놓친 꼴이 되었다. 일례로 일자리의 양과 질을 동시에 해결하겠다는 것은 양립하기 정책 목표인데도 의욕만 앞선 나머지 예산의 효율을 떨어뜨리고 노동현장의 혼선을 가중시켰다는 비판을 면치 못하게 되었다. 정치는 뜬구름 잡는 슬로건일지 몰라도 행정은 철저하게 현장주의여야 한다는 걸 몰랐을까.

문재인 정부가 구상하고 실시한 노동정책이나 사회정책들은 그 철학이나 방향은 맞지만 정책의 완성도와 실효성에서 국민에게 실망을 안긴 것으로 평가된다. 특히 노동기준법의 사각지대에 놓인 600만여 명의 5인 미만 사업장 노동자들에 대한 정책적 구제가 이뤄지지 않은 점도 비판받는다. 그나마 불평등을 해소한다며 국정 과제로 선정한 성별 임금공시제도는 공공기관조차 시행하지 않고 있다는 지적을 받고 있다.

노동정책은 따로 떼서 생각할 일이 아니다. 우리 경제 전반, 또 전체 사업자와의 관계까지 종합적으로 고려하여 입안되고 신중하게 시행되어야 한다. 전체 틀에서 전면적으로 다시 논의되어야 한다.

더 나은 복지 세상으로 나아가려면

스웨덴은 복지의 대명사로 불리는 나라다. 요람에서 무덤까지 복지 시스템이 체계적으로 구축되었고, 오랜 사회적 타협을 통해 이루어낸 유연근무제와 시간제근무제로 워라밸이 실현되었다. 강력한 양성 평등, 신뢰할 수 있는 조세제도 등 복지의 천국으로 오랜 경험과 역사를 거쳐 스웨덴만의 복지 세상을 만들었다.

우리나라는 노사 갈등, 사교육비 폭등, 경쟁주의 문화가 지나치게 강한 특성이 있어 스웨덴을 모방하거나 스웨덴과 같은 복지 체계를 만들어가는 데는 한계가 있다. 그러나 여러 가지 제약 조건에도 불구하고 스웨덴은 우리에게 중요한 교훈과 영감을 준다.

스웨덴은 성장 친화적 복지제도로 경제 성장에도 큰 영향을 끼쳤다. 교육, 고용, 직업훈련을 강조하는 우수한 교육제도와 복지제도를 바탕으로 조세제도의 개혁까지 이루었다. 법인세, 상속세 등 기업에 부담을 주는 세금을 줄이면서도 사회적 합의를 통해 간접세와 사회보장세를 높일 수 있는 정치적 리더십은 주목할 만하다.

우리가 도입한 아스트라제네카 백신은 스웨덴의 바이오 기업 제품이었다. 스웨덴은 상속세가 70%나 되는 나라로 부의 대물림을 인정하지 않았다. 아스트라는 회사를 물려줘야 하는 상황이 발생하자, 70%나 되는 상속세를 내기 위해 회사의 주식을 팔게 된다. 그때 한꺼번에 많은 물량의 주식이 매도되면서 주가가 폭락해 아스트라는 모든 주식을 매도해도 상속세를 내지 못하는 상황이 발생했다. 결국, 아스트라는 영국의 제네카에 합병되어 지금의 아스트라제네카라는 회사로 다시 탄생한다.

이케아도 마찬가지다. 엄청난 상속세를 피해, 본사를 스위스로 옮기며 스웨덴에서 탈출한다. 그리고 다른 기업도 마찬가지였다. 자신의 업적을 후손에게 물려줄 수 없는 기업에 모든 노력을 바칠 기업인은 존재하지 않는다는 것을 스웨덴의 정치인이 깨달았을 때는 스웨덴은 탈기업으로 인한 경제 위기로 붕괴 상태였다.

이런 문제점을 해결하기 위해 스웨덴은 2005년 상속세 폐지를 결정한다. 그리고 10년이 지나서야 상속세로 얻는 세수보다 스웨덴 내 기업이 내는 법인세, 소득세로 얻는 세수가 훨씬 많다는 결론을 얻는다. 상속세는 황금알을 낳는 거위의 배를 가르는 행위였다는 것이 증명된 셈이다.

스웨덴은 다음과 같은 몇 가지 이유로 현재와 같은 복지 체계를 갖추게 되었다.

첫째, 일할 수 있는 능력이 있는 사람은 남녀 구분 없이 누구나 일을 한다. 모든 국민의 완전한 사회참여와 평등이라는 정책 속에서 경단녀도 없고, 장애인과 고령자의 고용률도 75%를 넘을 정도로 매우 높다.

둘째, 소득 격차가 적을수록 좋은 사회라고 여긴다. 물론, 스웨덴에도 부자가 있지만, 스웨덴 국민 75%가 자신을 중산층이라고 여긴다. 한 가구를 기준으로 부부의 소득을 합하면, 중산층 이상의 삶을 누릴 수 있기 때문이다.

셋째, 사회가 원하는 대로가 아닌 스스로 원하는 것을 추구하며 산다. 무엇보다 스웨덴은 성공한 삶에 대한 정의가 한국처럼 의사나 변호사에 있지 않다. 어떤 직업이어도 자신이 할 수 있는 일을 하며 살 수 있으면 그것을 성공한 삶이라고 생각한다.

마지막으로, 합의 문화를 기본으로 하고 있다. 일부의 의견만 반영된 것이 아닌, 모든 사람의 합의를 통해 시스템을 만들어간다. 의료, 육아, 교육, 노인, 장애인 등 모든 서비스를 내가 필요할 때 언제든지 누릴 수 있다는 믿음이 있고, 이는 사회적 합의에서 시작된다.

세계 유일의 분단국가인 우리는 스웨덴이 가는 길을 따라갈 수는 없다. 우리 실정에 맞는 정치 · 경제 체제를 수립하고 복지 체계를 세우는 일은 오늘을 살아갈 노동자들이 해나가야 할 과제다. 지금과는 다른 사회, 더 나은 복지 세상으로 건너가려면 합의와 소통의 힘이 필요하다.

2장 정권 때마다 바뀐 노동정책의 모순

잘못된 노동정책,
몰락의 신호탄

"인생은 한강 뷰 아니면 한강 물"이라며 청년들 사이에서 회자되는 말이 있다. 주식이나 가상화폐 투자에서 성공하면 한강이 보이는 고급 아파트에서 살고, 실패하면 한강 물에 빠져 죽는다는 말이다. 이는 미래에 대한 비전이 없어 앞날이 참담한 청년들의 현실을 보여준다. 과거에는 개천에서 용이 났고, 열심히 하면 계층 사다리를 타고 올라갈 수 있었지만, 이제는 자산 차이를 뛰어넘기가 어려워졌다.

흙수저, 금수저와 같은 계급을 인식하게 되면서 자산 형성이 안 될 것 같아 부동산보다 가상화폐나 주식과 같은 기회를 잡으려는 청년이 그만큼 늘어났다. 청년이 원하는 대기업이나 공기업과 같은 안정적인 일자리는 소수의 정규직만이 낙타나 바늘구멍 들어가기보다 더 어렵게 되었다. 점점 평생직장의 개념은 없어지고 전통적인 노동시장에는 거부감이 있어 욜로족, 니트족이 늘어나는 추세다.

"

역사의 길목마다 주인공은 청년이었다. 1900년대 전반기의 청년은 일제 강점에서 나라를 해방시켰고, 1950년대의 청년은 전쟁에서 나라를 구했다. 1970년대의 청년은 한강의 기적으로 나라를 일으켰고, 1997년의 청년은 IMF를 이겨냈다. 그리고 2020년의 청년은 코로나 극복의 한가운데에 있다. 그런데 대한민국의 미래인 청년이 코로나 위기를 겪으며 취업이라는 무대에서 주인공은커녕 코로나 백수가 되는 일이 현실이 되고 있다.

"

청년 일자리 정책은 어디로 가고 있나

역사의 길목마다 주인공은 청년

역사의 길목마다 주인공은 청년이었다. 1900년대 전반기의 청년은 일제 강점에서 나라를 해방시켰고, 1950년대의 청년은 전쟁에서 나라를 구했다. 1970년대의 청년은 한강의 기적으로 나라를 일으켰고, 1997년의 청년은 IMF를 이겨냈다. 그리고 2020년의 청년은 코로나 극복의 한가운데에 있다. 그런데 대한민국의 미래인 청년이 코로나 위기를 겪으며 취업이라는 무대에서 주인공은커녕 코로나 백수가 되는 일이 현실이 되고 있다.

현재의 청년은 이른바 Y세대로 1980~1990년 후반에 출생한 집단이다. 이들은 베이비부머1955~1965년 출생의 자녀들로, 1965~1979년 사이 출생한 'X세대의 다음 세대'라는 뜻의 Y세대로 '밀레니엄 또는 에코 세대'를 말한다. Y세대는 부모 세대와 달리 경제적으로 풍요로운 분위기 속에서 성장기를 보냈다. 그러나 학교를 졸업한 후 첫 직장을 가질 시점에 코로나 재난을 만나 노동시장의 불안정성이 증가하면서 좋은 일자리를 얻기 힘든 현실에 직면하였다. 그러면서 '삼포 세대'가 되어 연애, 결혼, 출산을 포기하기에 이르렀다.

코로나 고용 충격은 청년층의 고용 비중이 높은 음식, 숙박, 관광업, 교육 등의 서비스 부문과, 고용 형태별로는 임시 및 일용직에 집중되었다. 그로 인해 청년층의 고용지표가 벼랑 끝에 서게 되었다. 기업은 신규 채용을 줄이고, 내수산업이 악화되고, 수출 및 제조업 위축이 상당 기간 지속되면서 청년 고용에 미치는 악영향은 장기화될 공산이 크다.

유독 청년 실업률이 높은 까닭

개인의 노동 라이프 사이클에 있어 청년기는 학교를 졸업하고 첫 일자리를 얻어 노동시장으로 진입하는 과정을 거쳐, 안정적인 일자리로 이동하는 정착 과정이다. 외환 위기를 기점으로 증가하기 시작한 청년 실업률은 2000년대 들어서 전체 실업률에서의 격차가 더욱 커졌다. 청년 일자리 개선을 위한 정부의 노력에도 불구하고, 지난 2015년에는 11.1%에 달했다. 이는 전체 실업률의 두 배가 넘는다.

더욱이 2019년 말, 그나마 고용 개선 추세를 보이던 청년 일자리 현황은 코로나 감염 확산으로 인해 다시 악화 추세로 돌아섰다. 걱정되는 점은 코로나로 인한 고용 충격이 다른 세대에 비해 청년층에 더욱 집중된다는 점이다.

더 심각한 것은 고용 안정성인데, 청년 3명 중 1명이 비정규직이라는 점이다. 게다가 급속한 고령화로 부양 부담은 점점 늘어간다. 2016년 한국은 청장년층 5명이 노인 1명을 부양해야 하고, 2036년이면 2명당 1명을 부양하는 꼴이 된다. 20~30대 가구의 소득증가율은 지속적인 하락 끝에 2015년 -0.6%로, 사상 최초로 감소세로 돌아섰다.

통계청은 2021년 3월 고용동향을 발표했다. 이에 따르면, 지난달 취업준비생은 85만 3,000명으로 1년 전보다 8만 3,000명10.8%이 늘었다. 관련 통계 작성2003년 이후 2월 기준으로 역대 최고치다. 이날 현대경제연구원 보고서에 따르면, 지난해 우리나라 니트족은 43만 6,000명으로, 1년 전보다 8만 5,000명24.2% 증가했다. 연구원은 니트족을 '그냥 쉬는' 15~29세 미혼 청년으로 잡았다.

니트족이란 일하지 않고 일할 의지도 없는 청년 무직자를 뜻한다. Not in Education, Employment or Training의 줄임말인데, 보통 15~34세 사이의 취업인구 가운데 미혼으로 학교에 다니지 않으면서 가사 일도 하지 않는 사람을 가리키며, 무업자無業者라고도 한다.

니트족이 증가하고 장기화될수록 니트족 자신뿐만 아니라 부모 세대의 부담을 가중하고 각종 사회적 비용을 유발한다. 국가적으로는 잠재성장률 하락 등 부작용을 유발할 수 있다.

고용시장에서 청년이 멀어지는 이유

청년이 고용시장에서 멀어지는 이유는 뭘까?

주 40시간을 기본으로 하는 풀타임 일자리가 현 정부가 들어서면서 큰 폭으로 감소한 것에 주목해야 할 필요가 있다. 현 정부 이래 주 40시간 이상 근무하는 풀타임 일자리 195만 개가 증발한 것으로 나타났다. 반대로 주 40시간 미만 노동자는 213만 명이 늘었다. 풀타임 일자리와 단축시간 일자리가 이렇게 역전되는 현상은 자연스러운 노동시간 단축이라고 보기 어렵다. 정부재정 일자리 확대와 노동 규제 강화와 경기 침체가 강제 워라벨 현상을 만들어낸 것이다.

이렇게 고용시장에서 멀어진 청년은 정부가 미취업 청년을 지원하는 50만 원 지급액에 무려 약 17만 명이 몰리는 결과를 낳았다. 이는 정부가 예상한 목표 인원을 훨씬 웃도는 수치다. 청년수당은 결국 국민이 낸 세금을 재원으로 쓰기 때문에 말이 청년수당이지, 결국 세금수당에 불과하며, 정치권에서 지지율 반등을 위해 청년을 돈으로 유혹하는 것과 다름이 없다.

청년은 사회적 불안감을 가지고 있다. 이러한 불안은 코로나 사태, 주거와 일자리 등 사회적 요인에서 발생한다. **이러한 청년을 일으켜 세울 수 있는 것은 비트코인 몰빵이나 청년수당이 아니라, 올바른 정책 이다.**

치열한 경쟁 구조 속에서 청년이 감당해야 할 몫이 많았는데, 경제 위기와 저성장까지 반복되면서 안팎으로 청년은 사회적 위기를 겪고 있다. 질 좋은 일자리가 부족한 것은 고용 창출을 확보하지 못한 정부의 책임이다. 각종 규제를 없애 민간 경제의 활력을 높이고 고용시장의 유연성을 꾀해야 한다.

청년들이 공무원이 되겠다고 공시에만 몰리는 현상은 바람직하지 않다. 청년 각자의 소질과 능력에 부합하는 일자리를 찾을 수 있도록 도와야 한다. 4차 산업혁명과 같은 새로운 변화를 인지하여 혁명을 선도할 수 있도록 인재 교육과 양성에 힘써야 한다. 기업은 기업 하기 좋도록 규제를 낮춰 경제 환경을 조성해주고, 청년들이 다양한 일자리에 적재적소로 투입되어 자신의 능력을 발휘할 수 있도록 정부는 지원해줘야 한다.

장기 비전이 없는 미봉의 청년 일자리 정책

절망적인 사실은 현 정부가 내놓은 고용 대책은 하나같이 지속가능성이 낮은 공공 알바로 일회용으로 뽑아 쓰는 티슈 인턴 수준이라는 것이다. 최근 1분기 안에 만들겠다는 90만 개의 공공 일자리 사업도 청년에게는 참여 기회가 거의 없는데다, 초단기 재정 일자리일 뿐이다.

더구나 우리나라는 대학 등록금과 실업급여조차 일단 취직을 하고 고용보험에 들어야만 받을 수 있는 구조다. 이는 다시 말해, 취업에 실패하면 아무런 지원도 받지 못한다는 것을 말한다. 상황이 이렇다 보니 당장 생계를 유지하는 데 다급해질 수밖에 없다. 청년이 자신의 일상조차 포기하게 만드는 암울한 경제구조를 유지한다면, 청년들뿐 아니라 우리 경제의 미래와 노후까지 위협받게 된다.

청년들의 금쪽같은 청춘을 가짜 일자리로 채우고 통계를 왜곡하는 데만 급급하는 사이 대한민국의 미래와 경쟁력은 점점 어두워지고 있다. 문재인 정권 4년간 일자리 사업에 80조 원이 넘게 들어갔지만, 청년들의 삶은 여전히 탈출구가 보이지 않고 암울하기만 하다. 오랜 시간 동안 청년에 관한 이슈는 패기, 도전, 열정, '아파야 청춘'이라는 등 프레임에 갇혀 있었다. 이런 프레임은 청년 문제를 환기하는 효과는 있지만, 청년 문제를 그들만의 리그인 것처럼 고립시킨다.

"인생은 한강 뷰 아니면 한강 물"이라며 청년들 사이에서 회자되는 말이 있다. 주식이나 가상화폐 투자에서 성공하면 한강이 보이는 고급 아파트에서 살고, 실패하면 한강 물에 빠져 죽는다는 말이다. 이는 미래에 대한 비전이 없어 앞날이 참담한 청년들의 현실을 보여준다. 과거에는 고소득 청년들이 여윳돈으로 투자했다면, 최근에는 없는 자산에 영혼까지 끌어 모아 몰빵하는 경우도 적지 않다.

과거에는 개천에서 용이 났고, 열심히 하면 계층 사다리를 타고 올라갈 수 있었지만, 이제는 자산 차이를 뛰어넘기가 어려워졌다. 흙수저, 금수저와 같은 계급을 인식하게 되면서 자산 형성이 안 될 것 같아 부동산보다 가상화폐나 주식과 같은 기회를 잡으려는 청년이 그만큼 늘어났다. 청년이 원하는 대기업이나 공기업 같은 안정적인 일자리는 소수의 정규직만이 차지하면서 낙타가 바늘구멍 들어가기보다 더 어렵게 되었다. 평생직장의 개념은 없어지고 전통적인 노동시장에는 거부감이 있어 욜로족, 니트족이 늘어나는 추세다.

청년 일자리 정책 개선 방향

청년 일자리 정책은 양적 확장에 치우친 나머지, 질적 개선에는 미치지 못했다. 장기간 누적된 일자리 고용의 불확실성은 주거, 여가, 결혼, 출산, 양육 등 삶의 다방면에 걸쳐 어려움으로 확대되는 양상을 보인다.

코로나 발생 전에는 청년 일자리에 관련된 재정 지원 일자리 사업으로 청년내일채움공제와 청년추가고용장려금 등 주로 고용장려금 정책을 중심으로 예산이 편성되었다. 그러나 현재, 코로나19 여파로 청년의 고용 위기가 증폭되었으므로 이제 장기적인 관점에서의 고용 개선 방향을 수정해야 할 필요가 있다.

첫째는 청년 일자리 사업을 중장기 정책 노선으로 삼아 단계적 이행

으로 점차 개편하는 것이다.

4차 산업혁명에서 필요로 하는 직업 훈련의 분야를 확대 편성하는 것이다. 그러기 위해서는 고용장려금과 직접 일자리 위주의 청년 사업 규모와 비중을 축소하고, 지원 수준과 요건 등의 지침을 개정할 필요가 있다.

현재 노동자 직접지원 방식의 고용장려금이 청년층에게 인지도와 호응이 높다. 중소기업에서의 장기근속을 유도하는 데 있어서 실효성이 있는 청년내일채움공제는 높은 가입률에도 불구하고 물량이 제한되어 있어 보편적 청년 정책이라고 내세우기에는 한계가 있다. 매년 조기마감이 될 정도로 청년의 가입 의사가 높고, 그만큼 공제 가입에서 배제된 청년들의 상대적 박탈감도 크다. 따라서 범위를 확대하고, 중장기적 정책의 지속성을 유지할 수 있도록 정책적 지원과 개선 방안이 필요하다.

청년내일채움공제는 중소 및 중견기업에 정규직으로 취업한 청년들의 장기근속을 위해 고용노동부와 중소벤처기업부가 공동으로 운영하는 사업으로, 청년 · 기업 · 정부가 공동으로 공제금을 적립하여 2년 근속한 청년에게 성과보상금 형태로 만기공제금을 지급하는 사업이다. 청년, 기업, 정부의 3자 적립 구조로 청년과 기업이 2년간 300만 원씩 적립하면 정부가 600만 원을 지원 적립하는 구조다.

그런데 실질적으로 기업의 실분담이 적어 사업의 본 취지를 달성하지 못하고 있다. 청년공제사업의 정부 재정 부담을 덜고, 청년층의 지원 확대를 늘리기 위해 만기공제금 수준을 단계적으로 하향하면서 사업주 분담금을 단계적으로 상향하여 기금 여력을 확보함과 동시에 범위 확대를 도모할 필요가 있다.

둘째는 청년 일자리 시장의 수요 측면을 회복시키면서 고용시장의 단기 충격을 최소화시키는 것이다.

코로나로 노동자의 소득이 불안정해졌다. 고용시장을 회복시키려면 기업의 노동 수요를 확대시켜야 한다. 그러려면 공공 일자리를 포함한 직접 일자리를 제공하거나 장려금 위주의 정책 기조를 그대로 유지하면서 일자리 경험 확대 및 직업 훈련의 경험을 제공할 필요가 있다. 특히, 청년고용장려금 사업은 기업지원 방식의 청년추가고용장려금과 노동자 직접 지원 방식의 청년내일채움공제 사업이 코로나 이전과 이후에도 긍정적 효과가 있으므로 정책의 일관성을 유지하는 게 좋다.

다만, 코로나로 채용이 경직된 기업의 어려움을 고려하여 정책 기조는 유지하면서 노동기간, 노동형태 등의 가입 요건을 완화하고 지원수준을 한시적으로 낮게 설계할 필요가 있다. 특히, 신규 채용에 대한 정부의 추가적 정책지원이 필요하다.

셋째는 청년 지원에 있어 청년층에만 집중하기보다는, 기존의 고용안전망과 재난 긴급복지제도를 함께 활용하여 전 연령대를 아우르는 정책 틀 안에서 청년 인력을 지원하는 방안을 모색하는 것이다.

청년 일자리 수요와 성장 가능성이 높은 비대면 디지털 일자리를 중심으로 공공 일자리를 확대한다. 기업의 고용 수요는 단기간에 회복되기 어려운 것으로 전망되므로 단기 공공 일자리 제공으로 청년의 소득을 보장하면서 청년의 노동 의욕이 상실되지 않도록 유지해주며 노동 시장으로 진입할 수 있는 기회를 주어야 한다.

2020년 초에 5만 명을 대상으로 지급한 청년구직활동지원금은 추경을 통해 추가 편성하였으나, 코로나 장기화로 인해 채용이 위축되면서 지원 규모와 지원 대상을 추가 확대할 필요가 생겼다. 또한, 고용장려금과 일자리 경험 기회 제공 사업에 관한 정책 기조를 유지하되, 코로나로 중단되었던 훈련 사업을 재개하기 위한 노력이 필요하다. 신규 채용이 위축되면서 고용 충격이 좀 더 크게 다가온 인문, 사회, 예체능 계열 학생을 대상으로 청년취업아카데미의 참여를 독려하는 등 청년층 취업성공 패키지의 확대를 검토할 필요가 있다.

특히, 코로나 위기 극복 지원에 관한 다양한 긴급지원정책이 시행되고 있음에도 청년층의 인지도가 저조하여 정책의 효과를 제대로 발휘하지 못하고 있는바, 청년층의 지리적, 심리적, 정보적 접근성이 높은 온라인 청년센터를 중심으로 정보 탐색 및 접근이 용이하도록 민관 협력을 통해 청년의 다양한 욕구와 수요를 정책에 적용할 필요가 있다.

넷째는 청년층의 일자리 사업과 재정적 지원 욕구가 급증하는 가운데, 중장기 정책의 지속성 확보를 위해서 어떻게 재원을 조달해 나갈 것

인지 다양한 방법을 모색하는 것이다. 미국은 정부 외에 주정부 및 지방정부의 재원 외에도 기부금, 재단기금 등 민간 부문의 재원을 통해 조달받는 형식을 취하고 있다. 그러나 우리나라는 전액 정부 지원 형식으로 운영되고 있어 재정 부담이 점차 가중되고 있다. 민간 부문의 재원 조달을 위해 참여를 유도하는 방법을 강구하고, 청년 일자리 사업을 위한 별도의 기금 운영이 시급하다. 정부 예산 외에 대안적인 공공재원을 발굴하고, 민간부문의 재원을 유도할 수 있는 새로운 투자체계를 구축할 필요가 있다.

마지막으로는 정부 주도의 일자리 사업과 지자체 간 시행하는 사업 간의 연계를 강화하는 것이다.

현재 정부와 지자체 일자리 사업은 일정한 기준이 없이 지역별로 천차만별이어서 청년층의 정보 탐색 검색에는 한계가 있고, 실효성 측면에도 큰 성과가 없다. 지자체는 지역 특성을 살려 일자리 사업을 자율적으로 운영하고, 정부와 연계할 때는 일정한 기준과 방향성으로 유기적으로 연계 및 결합한다.

지자체 일자리 사업은 정부에서 미처 포괄하지 못한 사각지대를 대상으로 지원할 수 있다는 장점이 있다. 정부의 일자리 사업은 대부분 가입 요건이 엄격하고 물량이 제한되어 있는데, 이때 물량 제한으로 제외된 청년층을 대상으로 지사제에서 지원해주며 포용하는 방식으로 고려한다. 그러기 위해서는 청년의 인지도 향상을 위해 워크넷과 청년센터를 통해 정보를 투명하게 공개하고 홍보를 강화해 나갈 필요가 있다.

현재 코로나 위기는 청년의 고용시장을 벼랑 끝으로 내몰고 있다. 우리나라의 미래인 청년의 위기는 곧 우리의 위기와 같다. 청년의 일자리가 회복되어 삶의 질이 개선될 수 있도록 좀 더 많은 관심과 투자가 필요한 시점이다.

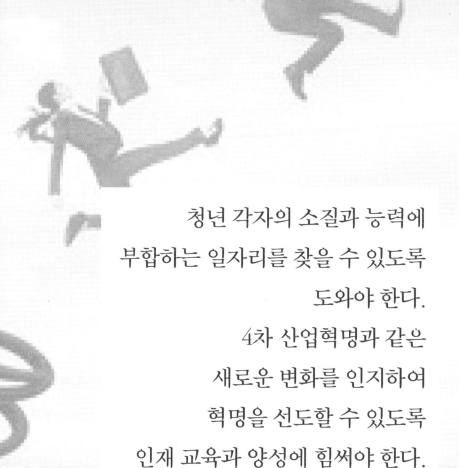

청년 각자의 소질과 능력에
부합하는 일자리를 찾을 수 있도록
도와야 한다.
4차 산업혁명과 같은
새로운 변화를 인지하여
혁명을 선도할 수 있도록
인재 교육과 양성에 힘써야 한다.

"

비정규직은 취업 역량이 떨어지는 노동자가 노동시장에 쉽게 진입할 수 있도록 하는 징검다리이자, 보다 좋은 일자리로 이동할 수 있는 디딤돌 역할을 하는 자리다. 지금 일자리가 좋다고 해서 언제까지나 소유하면서 타인의 진입을 막아서는 안 된다. 이러한 정규직과 비정규직 간의 힘이 불균형이 클수록 현재의 구조를 바꾸는 것은 불가능해진다.

"

비정규직 잡는 비정규직 정책의 역설

비정규직의 증가는 사회 양극화와 불평등의 근원

코로나 사태는 우리 사회의 고질적인 문제인 불평등 구조를 적나라하게 드러내고 말았다. 경제 위기가 닥칠 때마다 비정규직은 가장 먼저 해고 대상이 되었고 무급 휴직을 강요받거나 임금이 깎이는 수모를 겪었다.

과거에는 비정규직이라는 말이 없었다. 수습기간이 지나고 나면 정규직이 되는 수순이었다. 그런데 IMF 때 대량 해고가 발생하면서 정부와 기업은 비정규직을 경쟁력 강화를 위한 고용정책이라고 여기면서 민간기업뿐 아니라 공기업에 이르기까지 비정규직을 정규직만큼이나 많이 채용했다. OECD 국가의 평균 비정규직 비율이 11%인데 우리나라는 21%로 2배나 높다. 기업은 비용을 줄이고 인건비를 줄이는 방법으로 비징규직을 이용하게 되었다.

비정규직은 계약기간이 정해져 있다는 이유로 해고가 정당화되고 있다. 노동기준법상 해고 제한 규정을 적용받지 못하고 있기 때문이다. 비정규직 노동자의 업무 환경과 처우를 개선하자는 데 토를 달 사람은 없다. 비정규직 임금은 정규직의 절반 수준에 그친다. 국민연금과 고용보험, 산재보험, 건강보험과 같은 4대 보험 혜택도 제대로 받지 못한다. 정규직과 비정규직 간에 임금 간극이 갈수록 벌어지는 고용시장의 이중 구조는 빈부 격차를 심화시키고 내수를 위축시킨다. 우리사회 양극화와 불평등의 근원이다.

학생들의 장래 희망이 공무원인 현실

IMF 외환위기 이후 '평생 직장'이라는 개념이 없어졌다. 대기업 대 중소기업, 정규직 대 비정규직 등 경쟁에서 승리한 자와 탈락한 자 사이에는 넘지 못할 것만 같은 장벽이 세워졌다. 이러한 부모의 고통을 바로 곁에서 지켜본 아이들이 지금의 20~30대 청년으로 성장했다. 이들은 부모를 통해, 한번 평생 직장에서 이탈하면 재진입이 어렵다는 것을 삶을 통해 학습했다. 부모의 고통을 대물림 받지 않기 위해 선택한 청년의 직업은 몇 개 없다. 정년까지 안정적인 일자리를 보장받는 공무원이 되거나, 대기업 취직을 위해 죽도록 공부하거나, 차라리 한국을 떠나는 것이다.

현재 청년들은 물론, 어린 학생들도 가장 되고 싶어하는 직업은 공무원이나 교사다. 공시생은 매해 40만 명을 육박한다. 취업준비생 10명 가운데 4명이 공시를 준비한다.

한국을 좋아하는 투자자 짐 로저스는 대기업과 공무원 시험 열풍에 휩싸인 한국의 2030세대에게 쓴 충고를 하기도 했다. 좋은 인재가 꿈도 없이 소위 '철밥통'이라고 여기는 공무원이나 종신 고용의 직장으로 여기는 대기업에 취직하는 것에 대한 안타까움을 드러낸 것이다. 도전과 꿈이 없는 젊은이는 발전이 없다고 보기 때문이다.

로저스는 로저스홀딩스 회장으로 세계 3대 투자자 중 한 명이다. 퀀텀 펀드를 통해 10년간 4,200%라는 수익률을 달성했고, 1987년 블랙먼데이와 2000년대 초반 닷컴 버블, 2007년 서브라임 모기지 사태 등 세계 경제 위기를 정확히 예견하면서 주목받았다. 한국이 통일되면 전 재산 3억 달러3,396억 원를 투자하겠다고 밝히기도 했다. 그렇다면, 현재 대기업과 공기업에 들어간 인재는 대안이 없는 걸까?

짐 로저스는 근속연수에 따라 호봉이 올라가는 형식이 아닌 철저한 평가제와 성과제로 승진이 이루어져야 한다고 말한다.

그런데도 **청년들이 끝이 보이지 않는 경쟁에 매달리는 이유는 우리나라의 열악한 노동 현실 탓도 크다. OECD에 따르면, 2020년 작년 3분기 기준 우리나라의 15~64세 고용률은 65.7%로 평균66.7%보다 1%포인트 낮다. 36개국 가운데 28위에 그쳤다.**

일자리의 질을 높이는 것이 핵심

1990년대 이후 일본 기업들은 장기 불황을 극복하고자 신규 채용을 줄이고 정규직을 비정규직으로 빠르게 전환해 갔다. 그러자 사회에 첫발을 내디뎌야 하는 청년들이 가장 큰 피해를 입게 되었다. 일본 기업의 전통으로 여겨졌던 종신고용제도가 무너졌고, '열정 페이'를 요구하면서 저임금, 불안정 노동으로 청년을 내모는 '블랙기업'들이 나타났다.

비정규직이 점차 늘어나자 경제가 위축되고 소비가 줄어들면서 내수시장이 침체되는 현상은 불 보듯 뻔하게 일어났다. 이에 아베 총리는 2016년 말, 일본의 일자리 구조를 완전히 바꾸겠다는 결단을 내렸다. 일본 정부는 2017년 '동일노동 동일임금'의 기준을 발표해 기본급, 상여금, 수당, 교육 훈련, 복리후생 등에서 정규직과 비정규직을 동등하게 대우할 것을 기업에 요구했다. 협조하는 기업에는 정부의 정책에 따라 지원금도 약속했더니 일본의 다양한 업계가 비정규직 처우 개선에 동참할 뜻을 밝혔다.

일본은 20년간 삼중고경기 침체, 소비 절벽, 저출산과 고령화의 늪에서 벗어나기 위해 갖은 시행착오를 경험했다. 그리고 얻은 결론은 노동자의 지갑을 채우자는 것이었다. 소득이 높아져야 소비와 투자가 늘어 경제의 선순환이 일어나는데, 이를 위해서는 반드시 일자리의 질을 높여야 한다고 보았다.

그러나 한 가지 분명하게 짚고 넘어가야 할 문제가 있다. 일본의 비정규직과 한국의 비정규직은 질적인 면과 그 성격에서 차이가 있다. 일본의 비정규직은 정규직으로 가는 '징검다리' 기능을 하는 비정규직이라는 것이다. 선진국의 경우, 일시적인 인력 공백을 메우기 위해 혹은 기업에 필요한 인력을 선별하기 위해 주로 비정규직을 선발한다. 이들은 자신의 역량과 능력을 입증하면, 정규직으로 전환되거나 재취업될 가능성이 높다. 이에 반해 우리나라는 주로 인건비 절감을 위해 비정규직을 쓰기 때문에 이들이 정규직으로 이동할 가능성은 매우 낮다.

비정규직은 취업 역량이 떨어지는 노동자가 노동시장에 쉽게 진입할 수 있도록 하는 징검다리이자, 보다 좋은 일자리로 이동할 수 있는 디딤돌 역할을 하는 자리다. 우리나라는 유독 정규직에 대한 보호가 과한 편이라서 비정규직 일자리가 징검다리나 디딤돌 역할을 제대로 하지 못하고 있다.

고용은 일자리를 소유하는 자리가 아니다. 지금 일자리가 좋다고 해서 언제까지나 소유하면서 타인의 진입을 막아서는 안 된다. 정규직과 비정규직 간 힘이 불균형이 클수록 현재의 구조를 바꾸는 것은 불가능해진다.

그런데 문재인 대통령은 대선공약 중 하나로 '비정규직 제로 시대'를 내걸었다. 비정규직을 없앤다는 것은 지금 비정규직 숫자보다 훨씬 적지만, 인건비가 월등히 많이 드는 정규직을 만들겠다는 뜻이다. 그러니 비정규직 일자리라도 절실하게 필요로 하는 사람들 중 상당수는 노동 시장에서 퇴출되어야 한다는 뜻이기도 하다. 이는 빈곤 정책 측면에서도 중요한 의미를 갖는다. 취약 노동자에게는 어려움이 가중되고 가계 소득에도 타격을 입힌다. 정규직 보호, 비정규직의 정규직화, 일자리 창출, 이 세 가지는 동시에 달성할 수 없는 정책 목표다.

비정규직이 가진 순기능이 분명히 존재하는데, 문제는 그 처우가 너무 낮아 노동자의 안전을 해치는 경우가 생긴다. 또 다른 문제는 정규직으로의 상향 이동 가능성이 다른 선진국에 비해 매우 낮다는 데 있다.

사람은 꿈과 희망을 먹고 산다. 열심히 일하면 더 나은 삶을 살 수 있다는 희망, 내가 일한 만큼 보상이 주어질 거라는 희망이다. 지난 20년간 한국 사회가 잃은 것이 있다면, 그것은 바로 보람이다. 오늘도 열심히 일한 만큼의 보람을 느끼고, 내일은 보다 더 나아질 것이라는 기대가 있어야 사람은 계획을 세우고 결혼을 하여 가정을 꾸린다. 결국, 불평등한 일자리 문제는 우리 사회의 심각한 문제인 저출산이나 내수 경기 침체 등의 다른 사회문제로 이어지게 한다.

우리나라는 유독 정규직에 대한
보호가 과한 편이라서
비정규직 일자리가
징검다리나 디딤돌 역할을
제대로 하지 못하고 있다.

"

최저임금 1만 원 실현은 아무래도 다음 정부의 숙제로 남겨질 것 같다. 현 정부의 각종 노동 존중 사회 정책은 촛불 혁명 분위기에서 탄생했지만, 현실적인 전략의 뒷받침이 없어 용두사미가 되고 말았다. 집권 초기 급가속한 최저임금은 역설적이게도 집권 후기에는 가장 낮은 최저임금 인상률 기록을 남기며 급제동이 걸린 모양새다.

"

최저임금 정책은 왜 딜레마에 빠졌나

급격한 최저임금 인상으로 인한 시장의 충격

문재인 정부는 출범과 함께 '최저임금 1만 원 실현' 공약을 내걸었다. 1만 원짜리 갈비탕이라도 사먹을 수 있어야 하지 않겠냐며 내건 것이 뜬금없는 1만 원 공약이었다. 최저임금 1만 원을 밀어붙이다 보니 집권 초기에 인상률이 무려 29.1%다. 고용지표 악화가 최저임금의 무리한 인상 탓이라는 여론의 뭇매를 맞고, 코로나까지 터지는 바람에 국가적 위기를 맞게 되는 일은 불 보듯 뻔했다.

2017년 우리나라의 최저임금은 중위임금의 56%에 달해 이미 어지간한 OECD 선진국보다 높은 수준이었다. 중위임금은 노동자의 소득을 순서대로 나열했을 때 한가운데 있는 소득을 말한다. 그런데도 문재인 정부는 첫해부터 최저임금을 16.4%나 올려버려 경제는 그 충격을 감당하지 못했다. 이는 중위임금 대비 65%나 오른 수준이다.

중간임금계층은 농·임·어·광업을 제외한 전 산업의 노동자들을 시간당 임금 기준으로 1위부터 최하위까지 나열했을 때 중간인 중위임금 전체 노동자의 임금소득을 금액 순으로 나열했을 때 한가운데에 있는 소득의 67~133% 임금을 받는 노동자 계층을 뜻한다. 상위임금계층은 중위임금의 133%를 초과하는 노동자이며, 하위임금계층은 중위임금의 67% 미만을 받는 노동자를 말한다.

박근혜 정부에서 높은 인상률을 유지했던 것은 되도록 빨리 OECD 평균에 가까운 중위임금 50% 수준에 도달한다는 목표 때문이었으며, 이 목표는 박근혜 정부 초반에 이미 달성한 바 있다. 여기에 우리나라만의 특징인 주휴 수당까지 고려하면 약 20%를 더해야 하므로 최저임금이 높기로 유명한 프랑스보다 사실상 더 높은 수준이다. 일본은 불과 40% 수준이다. 한마디로 우리나라 최저임금은 이미 세계 최고 수준이었다.

문재인 정부의 지난 4년간 최저임금 인상률을 보면 6,470원 2017년에서 8,720원 2021년으로 총 34.8% 인상했다. 국내총생산 1인당 GDP 3만 달러 이상 OECD 국가 중 가장 높은 인상률이다. 김대중 정부 9.0%, 노무현 정부 10.6%, 이명박 정부 5.2%, 박근혜 정부 7.4%와 비교하면 인상률이 적게는 3배, 많게는 7배에 육박한다. 최저임금 인상을 합리화하기 위해 가장 자주 언급하는 목표는 '빈곤 해소와 분배 지표 개선'이다.

저임금 노동자는 빈곤층일까

현대의 노동시장에서 저임금 노동자를 빈곤층으로 볼 수 있을까?

사실은 그렇지 않다. 과거 한 가구에 한 명씩 노동시장에 참여하던 시기에는 최저임금 인상이 가구소득 격차를 효과적으로 축소하고 빈곤을 완화할 수 있었다. 하지만, 현재 노동시장에는 최저임금 노동자 중 빈곤층에 속하는 비율이 30%도 되지 않는다. 저임금 노동자와 빈곤층 간의 일치율이 낮아진 이유는 무엇보다 각 가구에서 소득을 창출하는 사람의 수가 다양해졌기 때문이다. 빈곤 고령 가구 및 맞벌이 부부의 증가, 서비스화로 인한 저임금 노동의 증가 때문이다.

오히려 가장 어려운 가정은 취업자가 없는 가구다. 고령화 시대로 빠르게 진입하게 되면서 소득이 없는 가구 비중이 점차 늘고 있다. 돈을 벌어오는 사람이 없어 생계를 위협받고 있는데 최저임금을 올린다고 해서 도움이 되지 않는다. 최저임금 인상으로 직접적으로 부정적인 영향을 받는 사람은 저임금 노동자와 저숙련 노동자다. 강력한 노조가 뒷받침해주는 고용이 안정적으로 보장된 노동자들이 임금 협상 수단으로 최저임금 제도를 이용하는 구조에서는 고용이 불안정한 이들까지 배려하기는 사실상 불가능하다.

최저임금 제도는 취업 취약계층과 저임금 노동자를 보호하기 위해 국가가 노사의 임금결정 과정에 개입해 임금의 최저수준을 법적으로 정하는 제도적 장치다. 좋은 의도로 도입된 제도지만 경제학적 논리에 따르면 시장의 균형임금을 초과하는 최저임금은 고용을 위축시키므로 완벽한 제도가 되지 못한다. 제도의 보호를 충분히 받고 고용도 안정된 핵심 노동자가 임금 인상 협상에 힘을 쓰기 위해 저생산성 부문이 견딜 수 없을 강도의 인상률을 강제하면, 이에 취약한 노동자는 일자리를 잃거나 보호 장치가 없는 사각지대로 밀려날 수밖에 없다.

최저임금이 모든 직종에 일괄적으로 확대 적용된 이후, 아파트 경비원들이 대규모 해고된 것을 떠올려보면 상황을 금세 파악할 수 있다. 고용이 유지된 사람들은 임금이 향상되어 보다 나은 생활을 누릴 수 있을지 몰라도, 해고된 사람들의 고통과 후생 감소는 경제적 가치로는 환산할 수 없을 정도로 막대한 것이다.

사실 문재인 정부가 들어서면서 최저임금이 매년 인상될 것이라는 전망은 충분히 예측 가능했다. 다만, 정부의 주요 공약이었던 최저임금 1만 원이 임기 내 달성할 수 있을지가 중요한 관전 포인트였다. 그러나 시장의 충격파가 커지면서 문재인 대통령은 최저임금 1만 원 공약 이행이 어려워졌다고 사과했다.

결국 지킬 수 없게 된 최저임금 1만 원 공약

최저임금 1만 원 실현은

아무래도 다음 정부의 숙제로 남겨질 것 같다. 현 정부의 각종 노동 존중 사회 정책은 촛불 혁명 분위기에서 탄생했지만, 현실적인 전략의 뒷받침이 없어 용두사미가 되고 말았다. 집권 초기 급가속한 최저임금은 역설적이게도 집권 후기에는 가장 낮은 최저임금 인상률 기록을 남기며 급제동이 걸린 모양새다.

더욱 아쉬운 점은, 이 같은 논란을 정부가 제대로 중재하지 못했다는 점이다. 임기 내에 최저임금 1만 원을 달성하려다 보니 단기간에 가파른 인상이 불가피했고, 그에 따른 여러 가지 저항과 각종 부작용이 쏟아져 나올 것은 불 보듯 뻔했다.

미국 UCLA대학교 연구에 의하면, 2006~2008년 사이에 18%의 최저임금 인상으로 식당의 고용률이 12% 감소한 것으로 나타났다. 더욱 충격적인 것은 UC버클리대학교의 연구 결과 시카고, 샌프란시스코 등 6개 도시에서 최저임금이 상승하자 저소득층의 일자리가 줄어들 뿐 아니라 일자리 자체가 소멸되는 현상이 발생했다는 점이다.

하버드대학교 연구에서도 최저임금의 상승에 따라 소규모 식당의 경우, 폐업할 가능성이 14% 상승하는 것으로 나타났다. 최저임금 인상이 인건비 상승으로 직결되면서 경영 여건 악화를 초래하고 결국 식당 문을 닫을 수밖에 없는 상황으로 몰아간 셈이다.

더욱이 패스트푸드점의 경우, 이미 키오스크무인주문기 도입을 늘리고 있는 상황이다. 롯데리아와 맥도날드는 키오스크 도입률이 50%를 넘어섰다. 외식업계에 불고 있는 키오스크 열풍은 최저임금 인상에 따른 일자리 감소 현상을 극명하게 보여주는 사례다.

역설적이게도 최저임금 인상 정책은 오히려 최저임금에 의존하는 저소득층의 일자리를 빼앗고 소득을 낮추는 결과를 초래하는 상황을 생생하게 보여준다. 이미 저소득층 하위 10%의 1분기 소득 감소가 15년 만에 최대치를 기록하면서 최저임금 인상의 근거 및 효과에 대한 의문이 제기되고 있다.

비록 취지가 좋아도 나쁜 결과를 제대로 예측하지 못했다면, 그것은 결코 좋은 정책이라고 할 수 없다. 정부가 정책을 제대로 펼치기 어려운 점은 어떤 정책이라도 사회 전반에 미치는 범위와 영향이 예상보다 훨씬 넓고 크기 때문이다. 그러므로 세세하고도 정확한 원인 분석과 대책 마련이 필수적이라는 점을 간과해서는 안 된다.

최저임금 상승은 물가 상승을 초래하는 요인이 되기도 한다. 이미 서민 물가는 매년 오르고 있다. 통계청에 따르면, 2020년 12월 소비자물가지수는 전년 같은 달보다 0.5% 올랐으나 국민 식생활에 필수적인 농·축·수산물은 9.7%나 껑충 뛰었다. 농산물은 6.4%, 축산물은 7.3%, 수산물은 6.4% 각각 올랐다. 채소와 과일 등 신선식품도 10%나 올랐다. 특히, 국민의 주식인 쌀값이 11.5%나 뛰었다. 국민의 생활과 직결된 농수산물 가격이 크게 올랐고 최근엔 국제유가 급등으로 휘발유 등 기름값이 치솟아 서민 가계에 주름을 더했다. 여기에 계속되는 집값, 전월세 상승은 무주택자들의 주거비 부담도 한층 키우고 있다.

최저임금 문제를 푸는 세 가지 해법

그렇다면, 해법은 과연 무엇일까? 답은 의외로 매우 간단하다.

첫째는 최저임금의 인상 폭을 조정하는 것이다. 급격한 최저임금의 상승은 결국 물가상승으로 귀결된다. 물가상승이라는 부작용으로 취약계층의 소비 여력을 더욱 악화시킨다면 단순히 정치적 목적의 여론을 의식한 보여주기식 최저임금 인상으로 추후 시장에 큰 충격을 주며 가계 경제에 큰 부담으로 돌아온다.

둘째는 지역별·업종별·고용규모별 특수성을 감안해 최저임금을 차별화시키는 것이다. 이미 선진국들은 이러한 제도를 시행하고 있다. 예를 들어, 미국은 연방정부가 기준을 설정하고 각 주별로 차등화하고 있다. 그 이유는 각 주별로 주력 업종과 소득 수준이 다르기 때문이다. 일본 역시 4개 권역으로 구분된 지역별 최저임금을 바탕으로 노사 합의를 통해서 업종별 최저임금을 차등화하고 있다. 영세 소상공인의 경우, 과도한 임금 인상은 신규 채용은커녕 기존 직원까지 해고하고 문을 닫아야 할 위기로 내몰릴 수 있기 때문에 회사 규모와 임금 지급 여력 등을 충분히 고려한 차등화가 반드시 필요하다.

셋째는 최저임금위원회에 참여하는 공익위원의 구성 방식과 결정 방식을 변경하는 것이다. 문재인 정부 들어서 임명된 공익위원들은 노동계 쪽으로 기울어져 있다. 현장 상황과 전문성, 정책적 의지를 반영하고 노사의 의견을 신중히 청취하되 결정은 정부와 전문가가 담당함으로써 정치에서 분리시켜야 한다.

경제성장률이 2%인데, 30%의 최저임금을 인상시키는 것은 결국 일자리 파괴라는 결과를 낳을 수밖에 없다. 물론, 어느 정도의 최저임금이 적절한 수준인지는 각 나라의 경제 수준과 노동시장 환경에 따라 다르다. 인상 속도 역시 충격을 흡수할 수 있는지 없는지는 각 나라의 시장 건전성에 따라 다를 것이다.

최저임금을 급격하게 인상하면, 노동집약적 산업의 기업이나 저임금 노동자의 고용 비중이 높은 소규모 영세 사업체들의 인건비 비용 증가를 야기해 고용 축소라는 결과를 가져온다. 현 정부는 최근 몇 년간 일자리를 잃었거나 일자리를 찾지 못한 청년들에게 큰 상처를 준 것이다.

따라서 최저임금은 점진적으로 증가시켜 고용 충격을 완화할 필요가 있다. 최저임금은 전체 임금의 인상률보다 약간 더 인상하여 임금의 격차를 천천히 줄여나갈 때 경제가 받는 충격이 덜하다는 것을 잊지 말아야 한다.

현 정부의 각종 노동 존중 사회 정책은 촛불 혁명 분위기에서 탄생했지만, 현실적인 전략의 뒷받침이 없어 용두사미가 되고 말았다.

"

문재인 정부는 대선 공약으로 '주 52시간 노동제 등 노동시간 단축으로 일자리 50만 개 창출'을 내걸었다. 그런데 일자리가 창출되기는커녕 주 52시간 노동제는 경제를 급격히 악화시킨 주범으로 갑작스런 최저임금 대폭 인상과 함께 우열을 다툴 정도다. 생산성이 낮은 상황에서 노동시간만 줄이면 기업 경쟁력이 떨어질 수밖에 없다. 산업 특성에 맞게 노동시간 단축을 유연하게 적용해 주는 보완책이 필요하다는 목소리가 많아지자 점차 시정되고 있지만, 아직까지 만족할 만한 성과를 얻지 못하고 있다.

"

04

현장 사정을 무시한 주 52시간 노동제

저녁이 있는 삶 이전에 저녁은 먹을 수 있는 걸까

"OECD 국가의 평균 노동시간보다 300시간 이상 더 일해 온 우리 노동자들이 장시간 노동과 과로에서 벗어나 가족과 더 많은 시간을 갖고 저녁이 있는 인간다운 삶을 누리는 계기가 될 것입니다. 엄마와 아빠가 아이를 함께 돌볼 수 있는 시간도 많아질 것입니다."

2021년 7월부터 시행되는 주 52시간 노동제를 두고 문재인 대통령이 밝힌 '저녁이 있는 삶'이다.

살인적인 장시간 노동로 노동자가 시달려왔고, 노동시간을 줄이고 일자리라는 문제까지 해결해야 한다는 주장이 꾸준히 제기되고 있었다. 이에 정부는 주 52시간 노동제가 노동자들에게는 인간다운 삶을 보장하고, 기업에는 생산성 향상과 일자리 창출로 이어질 것이라고 기대하고 있다.

그러나 현실은 다르다. 저생산성 부문의 노동자들은 임금이 낮아 장시간 근무를 통해 급여를 받아야 생활이 가능하다. 이들에게는 '저녁이 있는 삶' 보다, '저녁을 먹을 수 있는 삶' 이 더 중요하다. 노동시간의 유연성이 필요하거나 일의 특성에 따라 '아침이 있는 삶' 이나 '여름에 일하는 삶' 등 다양한 요구가 뒷받침되어야 한다.

생산성의 향상을 유도하면서 노동시간을 단축하고, 이에 따른 노사 인식을 제고해야 한다. 노동시간에 따른 소득 활동이 중요한데, 갑작스럽고 일방적인 단축 시간 강행은 문제가 될 소지가 많다. 그렇기에 이미 제도를 적용하기 전부터 우려하는 목소리가 컸고 시행까지 얼마 남지 않았는데, 아직도 정부와 기업 모두 우왕좌왕하고 있다.

주 52시간 근무제 시행의 현주소

한국경제연구원은 주 52시간 근무제 시행에 따른 노동시간 단축으로 26만 6,000명의 인력 부족 현상이 나타나고, 연간 12조 3,000억 원의 비용 부담이 발생할 것으로 추산했다. 특히 중소기업은 노동시간 감소분을 채울 만큼 신규 채용을 하지 못하면 생산량을 줄일 수밖에 없는 형편이다.

중소기업중앙회가 국내 500개 중소기업을 조사한 결과를 보면, 노동시간 단축 후 중소기업들은 평균 6.1명 인력이 부족하고 생산량도

20.3%가량 줄어들 전망이다. 인력 부족에 시달리는 중소기업 입장에서는 자칫 공장 문을 닫거나 '울며 겨자 먹기'로 공장을 해외로 이전할 수밖에 없다.

그나마 대기업은 이를 감당할 만한 여력이 있다지만, 대부분 중소기업들은 사정이 열악하다. 생산성 감소에 직면한 기업들은 고용을 늘려야 하는데 노동시장 경직성과 비용 부담 탓에 고용을 마냥 늘릴 수만은 없다. 채용을 많이 할수록 단순 급여뿐 아니라 4대 보험, 복리후생, 인사관리 비용 등 총비용 부담이 기하급수적으로 커지기 때문이다.

업종별로 보면 건설업계를 포함해 IT업계, 조선업계, 문화콘텐츠업계가 혼란에 빠졌다. 건설업계의 경우 계절적 특성이 건설 현장에 작용하는 경우가 많고 공사 중 돌발 변수 출현 가능성도 높아 타 업종과 같은 포괄적 기준을 적용해선 안 된다. 장마철이나 겨울에는 공사를 진행하기 어려워 다른 시기에 업무를 몰아서 할 수밖에 없는 구조이기 때문이다.

수십억 원의 사업비가 드는 건설사업의 경우, 기본 계획 대비 준공이 몇 개월이나 연기된다. 주 52시간 법정 노동시간에 따라 연쇄적으로 현장 업무도 연기되기 때문이다. 수개월 정도로 기간이 늘어나는 걸 우려하여 자칫 공사 기일을 촉박하게 할 경우, 중대 산업재해 발생 위험성도 높아질 수 있다. 또한 휴대폰 등 신제품 출시를 앞둔 IT 업계나 에어컨 같은 계절 가전제품 생산 현장도 답답해하는 모습이다.

중동이나 남미 등 해외 지역 플랜트 공사 현장의 경우에도 주당 노동시간이 52시간을 훌쩍 넘는 경우가 많은데, 해외 현장이어도 국내법에 따라 주 52시간 근무를 지켜야 한다. 심지어 중동, 동남아 지역은 외국인 근무인력을 제한하는 쿼터제를 실시하고 있어 인력을 무작정 늘리기도 어려운 형편이다.

주 52시간 근무제를 지키려면 노동시간과 휴식 시간 구분이 명확해야 하는데, 이 기준을 두고서도 기업들이 헷갈려하는 경우가 부지기수다. 거래처와의 식사 시간이나 사내 워크숍, 회식시간도 노동시간에 포함되는 건지, 장거리 출장 이동 시간은 휴식 시간으로 정해야 하는지 기준이 모호하다.

경제를 급격히 악화시킨 주범

문재인 정부는 대선 공약으로 '주 52시간 노동제 등 노동시간 단축으로 일자리 50만 개 창출'을 내걸었다. 그런데 일자리가 창출되기는커녕 주 52시간 노동제는 경제를 급격히 악화시킨 주범으로 갑작스런 최저임금 대폭 인상과 함께 우열을 다툴 정도다. 생산성이 낮은 상황에서 노동시간만 줄이면 기업 경쟁력이 떨어질 수밖에 없다. 산업 특성에 맞게 노동시간 단축을 유연하게 적용해주는 보완책이 필요하다는 목소리가 많아지자 점차 시정되고 있지만,

아직까지 만족할 만한 성과를 얻지 못하고 있다.

우리나라에는 생산성이 높은 대기업도 있지만, 옛날과 크게 다르지 않은 작업 방식의 저생산성 부문도 다수 공존한다. 저생산성 부문의 노동자들은 임금이 낮아 장시간 노동을 해야 가족을 부양할 수 있고, 사용자들 역시 장시간 기계를 돌려야 비용을 뽑을 수 있다.

일본은 주 60시간 이상의 심각한 장시간 노동 비율을 2020년까지 6%로 줄이는 것에 초점을 맞추고 있다. 그런데 저생산성 부문의 비중이 높은 우리나라가 갑자기 주 52시간을 넘은 사업장을 불법으로 처벌하겠다는 것은 경제에 큰 충격을 야기할 수밖에 없다. 노동시간 규제는 가장 열악한 곳부터 초점을 맞춰 현실적인 기준을 적용해 점진적으로 개선할 필요가 있다.

우리나라는 주 52시간 노동제를 획일적으로 강행함으로써 노동시장에 충격을 주는 방식을 사용했다. 이로 인해 피해를 보는 것은 일자리 기회에 애타는 청년들, 일자리 유지가 절실한 최저임금 저숙련 노동자들이다. 정부가 여가의 중요성을 강조한다고 해서 장시간 근무했던 관행이 근절되지는 않는다. **주 52시간제가 도입되면서 줄어든 임금을 보전하기 위해 주말에 아르바이트를 하고 저녁에 대리운전을 뛰는 게 선택이 아닌 필수인 노동자도 발생하고 있다.**

무엇보다 우리나라처럼 경제 내 부문 간 생산성 격차가 큰 경우 급작스러운 규제는 충격을 흡수하기 어려운 저생산성 부문에서 가장 타격을 많이 받게 된다. 경제에 불필요한 부담을 가중시켜 생기는 고통은 고스란히 국민이 받는다. 따라서 중소기업은 물론 전체 산업계의 경쟁력을 떨어뜨리는 정부의 일방적인 주 52시간제 강행에 대해 적용 유예가 필요하다.

조선업 등 현실적으로 주 52시간제 적용이 어려운 업종에 대해서는 1~2년간 적용을 유예한다. 현재 운송육상, 수상, 항공 등과 보건업 등 5개 업종에만 적용되는 노동시간 특례에 건설, 조선, 뿌리산업을 추가하고, 노사합의 시 추가 연장노동를 허용하는 등 다양한 방안을 마련하는 데 산업통산자원부의 역할이 중요하다.

최근 나라마다 탄력적 근무 시간을 운영하기 위해 정부의 일률적인 강제 시행을 지양하고 있다. 대신, 사업장 내 노사 간 협상에 의해 결정될 여지를 넓게 남겨놓고 있다. 노동시간에 대한 세세한 규제는 더 이상 정부의 역할이 아니다.

1980년대 이후 프랑스나 독일 등 일자리 창출을 위해 노동시간 단축을 시도했던 대표적인 국가들의 사례를 보면, 뚜렷한 고용 증진 효과가 나타나지 않았다. 현재 경제 상황이 좋지 않아 노동 수요가 약한데, 노동 비용을 상승시키는 규제는 일자리 재난으로 이어질 것이 자명하다.

주 52시간제가 도입되면서
줄어든 임금을 보전하기 위해
주말에 아르바이트를 하고
저녁에 대리운전을 뛰는 게
선택이 아닌 필수인
노동자도 발생하고 있다.

"

노동의 본질이 바뀌는 과정이므로 정부의
정책이 연쇄작용을 일으켜 각기 다른 정
책 현장에 예측할 수 없는 결과를 가져오
기 때문에 모든 부처가 머리를 맞대고 면
밀하게 종합 정책을 만들어야 한다. 그러
나 부처 간 칸막이에 가로막혀 신기술, 신
산업에 대한 통합적 정책을 만들어내기
어려운 현재 정부의 정책 수립 틀에는 한
계가 있어 국민의 한 사람으로 지켜보기
안타까운 심정이다.

"

재정립이 필요한 신산업 정책 비전

부를 독점하는 시대의 도래

세계는 지금 패러다임이 혁명적으로 변하는 소용돌이에 놓여 있다. 초연결·초지능사회로 상징되는 4차 산업혁명 시대에서는 IOT, 빅데이터, 클라우드소싱, 3D프린팅 등 기술혁명에 먼저 적응하는 쪽이 부를 독점하는 시대가 된다. 인공지능과 블록체인 등 첨단 기술 및 융합 서비스는 고용과 복지 재원 및 제도, 조세 체계 전반에 영향을 미칠 것이다.

이렇게 산업 기술 지형이 빠르게 변화하는 때일수록 정부는 사업 경쟁력과 사회 통합을 잘 이끌어가야 한다. 그런데 현 정부는 하루가 다르게 신기술이 발전해나가고 새로운 산업으로 대전환이 예상되는데도 기존 산업에는 충격을 주지 않는 것으로 인식하는 것 같다. 전통 산업과 신산업 중 당장 어느 쪽이 더 우세할지 빠르게 판단하고, 국민의 편익을 최대화하여 일자리와 소득 창출에 이바지할 수 있는 다양한 가능성을 찾아내야 한다.

특히 노동의 본질이 바뀌는 과정이므로 정부의 정책이 연쇄작용을 일으켜 각기 다른 정책 현장에 예측할 수 없는 결과를 가져오기 때문에 모든 부처가 머리를 맞대고 면밀하게 종합 정책을 만들어야 한다. 그러나 부처 간 칸막이에 가로막혀 신기술, 신산업에 대한 통합적 정책을 만들어내기 어려운 현재 정부의 정책 수립 틀에는 한계가 있어 국민의 한 사람으로 지켜보기 안타까운 심정이다.

아직도 신산업 정책에 대한 사회 전반적 인식의 부족으로 '어떻게' 보다는 '왜' 라는 문제에 시간을 낭비하고 있다. 신산업정책 찬반론이 여전히 우리 사회에 상존하고 있다. 신산업 정책을 펼치기 위한 추진 시스템, 평가 방법, 진행 방법, 전문성 확보 등에 관한 연구도 많이 부족하다.

새로운 시대로 가기 위한 진통

새로운 시도가 이루어지는 과정에서는 반드시 갈등이 일어나게 되어 있다. 그때 정부의 역할은 정부가 시대를 읽는 통찰력으로 새로운 시대에 대비한 일자리를 창출하는 것이다. 신산업이 삶에 깊게 침투할수록 기존의 사업 방식이나 거래 관행은 대폭적으로 변화할 수밖에 없다. 기존의 법과 제도가 확립되어 있으니 충돌은 불가피하고 자연스러운 것이다. 그러므로 이런 갈등을 지혜롭게 해결하고, 새롭게 창출되는 부가가치를 수혜자와 피해를 보는 자가 서로 적절히 나누면서 곧 다가오는 미래를 갈등 없이 받아들이는 것이 바람직한 그림이다.

이 과정에서 가장 힘든 점은 생산성이 낮은 기존 사업 종사자들의 피해를 어떻게 최소화하고 대체하거나 보상해줄 수 있는지의 여부다. 이 과정에서 사회의 역량이 드러난다. 미진하면 국가 간 경쟁에서 뒤처지고 미래의 가능성이 제한될 수밖에 없다. 여기에 세대 간의 갈등도 더해진다. 저생산성 전통산업에 종사하는 이들은 주로 저숙련 중고령자인데, 신산업은 상대적으로 IT를 비롯한 신기술의 노출도가 큰 젊은 세대 비중이 높기 때문이다.

미국 IT업계를 선도하는 4대 기업으로 페이스북Facebook, 아마존Amazon, 넷플릭스Netflix, 구글Google을 꼽는데, 이들 이름의 첫 자를 따서 'FANG'이라고 한다.

막대한 매출과 영업이익을 내며 4차 산업혁명을 주도하는 기업으로 주목받는 FANG과 같은 기업들의 사업 원천은 빅데이터다. 새로운 부의 원천인 데이터를 생산하는 개인에게 합리적인 보상이 이뤄지도록 데이터 소유권을 개인에게 귀속시키는 조치가 필요하다. 인간의 삶이 오프라인 영역에서 온라인 공간으로 옮겨가는 만큼 하루빨리 데이터 개인주권 시대를 확립할 필요가 있다.

신산업 정책에 대한 이해 필요

인간을 대체하는 새로운 노동 주체인 기계에 대해 과세할 필요성이 대두되고 있다. 인간 노동 시대가 막을 내리면 법인세나 재산세 등은 남아 있겠지만, 소득세 과세 기반은 위축될 수밖에 없다. 과세 대상을 로봇 제작자 등 소유자에게 할지, 이용하는 사람에게 할지에 대한 논의와 함께 조세회피처 등 특정 국가에 의해 기계세 도입 취지 자체가 무너지는 상황이 발생하지 않도록 정부 각처는 머리를 맞대야 한다.

빠르게 급변하는 4차 산업혁명 시기에 정부가 해야 할 가장 중요한 역할은 '무엇이 변하고 있는지, 공동체로서 이에 적응하기 위해 각자가 어떤 양보를 해야 하고 그것을 통해 무엇을 얻을 수 있는지'를 잘 설명하고 국민을 이해시켜 합의를 도출하는 일이다. 방향 제시와 균형 잡힌 소통을 통해 사회의 혁신 수용성을 높여야 한다.

신산업 정책을 펼칠 타이밍을 놓치면 경쟁국들과의 경쟁에서 밀리고 경제가 후퇴하는 결과를 초래하며, 치명적인 국력 손실을 입게 된다. 장기적인 안목의 부재와 졸속 행정, 평가 미흡 등으로 인해 정책의 일관성과 추진성이 저해되는 문제가 되풀이되어서는 안 된다. 사회적 갈등이 증폭되는 것을 방치할 경우 신기술이나 새로운 산업이 시작될 시점을 놓치기 쉽고, 설사 이를 밀어붙인다 해도 사회적 통합이라는 중요한 자산이 훼손되기 때문에 지속적 발전을 꾀하기 어렵다.

우리에게는 신산업 정책의 대표적인 성공 사례가 있다. 1960년대 제조업 중심의 수출진흥정책, 1970년대 철강, 조선, 전자, 기계, 화학 등 중화학공업육성정책, 1980년대의 연구개발 R&D 투자와 고급인력양성정책 등은 국제사회에서도 높은 평가를 받은 정책들이다.

그러나 이른바 '87년 체제'라는 민주적 발전 국가 모델 이후 한국의 산업정책은 크게 후퇴하고 말았다. 대부분 선진국에서 산업정책을 적극적으로 재조명하고 있음에도 불구하고 우리나라에서는 아직 신산업 정책에 대한 이해와 인식이 크게 부족하다.

66

끊임없이 들려오는 노동자의 사망 소식에 대중이 무뎌지고 있다. 기업은 사람의 생명보다 이익과 손실만 따지고 든다. 반복되는 노동자의 죽음 앞에 우리는 무엇을 할 수 있을까? 더 이상 노동자가 일하다가 죽는 일이 생겨서는 안 된다.

99

중대재해처벌법은 어쩌다 누더기가 되었을까

목숨 걸고 일터로 가는 세상

"우리는 죽으러 일터에 가는 것이 아니다. 다시는 일하다 죽는 사람이 없어야 한다. 제발 돈보다 사람 목숨을 더 귀하게 생각해 달라."

산재로 사망한 노동자의 친구가 외친 절규다. 얼마 전 평택항 컨테이너 사고로 목숨을 잃은 젊은 노동자의 산재 사망사고 해결 촉구를 위한 쟁의에 나섰다. 그곳에서 사고 직후부터 내내 빈소를 지키던 고인의 친구를 만났다. 그의 절규가 머릿속을 떠나지 않는다.

기본적인 안전사고 대책법만 제대로 지켰다면 일어나지 않았을 사고였다. 안전사고 대책 매뉴얼을 마련하지 않았고, 안전관리자가 없으며, 안전모도 지급되지 않았고, 하나 마나인 안전교육 등 정말 사고가 일어날 수밖에 없을 것 같은 불안하기 짝이 없는 현장이었다.

현재는 중대재해가 발생해도 중간관리자만 가볍게 처벌하는 경우가 대부분이다. 지난 10년간 산재 사망사고로 사업주가 징역·금고형을 받은 비율은 0.56%였다. 2013~2017년 산업안전보건법을 위반한 법인이 선고받은 평균 벌금액은 448만 원에 불과했다. 그러다 보니 매년 2,000명 이상, 하루 평균 7명의 노동자가 산재로 목숨을 잃고 있다. 이 참혹한 죽음의 행렬을 끊자는 것이 중대재해처벌법이다.

끊임없이 들려오는 노동자의 사망 소식에 대중이 무뎌지고 있다. 기업은 사람의 생명보다 이익과 손실만 따지고 든다. 반복되는 노동자의 죽음 앞에 우리는 무엇을 할 수 있을까? 더 이상 노동자가 일하다가 죽는 일이 생겨서는 안 된다. 원청 업체와 고용노동부, 해양수산부를 비롯한 정부는 책임 있는 대책을 내놓아야만 한다.

중대재해처벌법은 기업이 사업장이나 다중이용시설·대중교통에 대한 안전·보건조치를 위반해 인명 사고가 발생할 경우, 사업주·경영책임자·기업에 형사책임과 징벌적 손해배상 책임을 물도록 하는 특별법이다.

이 법은 법적으로 '노동자성'이 인정되는 직접고용 관계뿐만 아니라 임대·용역·도급·위탁 등 이른바 간접고용에서도 산업재해에 대한 책임을 물려, 헐거웠던 기존 법망을 촘촘하게 재설계한 것이다. 이 법안은 19대·20대 국회에서도 진보정당을 중심으로 발의됐지만 거대 양당의 무관심 속에 자동 폐기되었다.

알맹이 빠진 중대재해처벌법

중대재해처벌법에서 정한 중대재해는 사망자가 1명 이상 발생하거나 동일한 사고로 6개월 이상 치료가 필요한 부상자가 2명 이상 발생 또는 동일한 유해요인으로 급성중독 등 직업성 질병 환자가 1년 이내 3명 이상 발생한 재해를 말한다.

민주당에서는 '50인 미만 사업장 적용 4년 유예' 등과 같은 예외 적용을 두어 기업의 이윤을 노동자의 생명보다 먼저 고려한 내용이 포함돼 있다. 산재 사망 10명 중 6명이 50인 미만 사업장에서 발생하고 있는 것을 고려하면 '사람이 죽고, 다치고, 병들어도 아무도 책임지지 않는 사회를 바꾸겠다'는 법의 취지는 실현되기 어렵다.

2021년 1월 8일 중대재해처벌에 관한 법률이 제정되었다. 중대재해 처벌 등에 관한 법률을 두고 강원도 내 건설업계와 노동계가 뚜렷한 온도 차를 보이고 있다. 건설업계는 과도한 처벌이라고 주장하는 반면, 노동계는 실질적으로 법 적용 대상 사업장이 전체 20%도 안 된다며 맞서고 있는 상황이다.

이에 따라 노동계에서는 중대재해처벌법 보완 입법을 촉구하는 목소리가 높아진다. 노동계가 꼽는 중대재해처벌법 보완 지점은 50인 미만 사업장에 대한 법 적용 3년 유예, 5인 미만 사업장 적용 제외, 인과 관계 추정의 원칙 미포함 등이다.

중대재해처벌법은 50인 미만 사업장에 법 적용을 3년 유예하고 5인 미만 사업장은 아예 적용 대상에 포함하지 않았다. 인과관계 추정 원칙은 최근 5년 안에 안전조치 의무를 3회 이상 위반한 사업주라면 노동자 사망 시 책임이 있다고 간주하는 원칙이다. 이 원칙은 경영자의 산재 예방 책임을 높여야 한다는 취지에서 포함 요구가 많았던 반면, 지난해 12월 국회로 제출된 정부안과 올 1월 제정된 법률에는 들어가지 못했다.

노동계는 대부분의 중대재해가 50인 미만 사업장지난해 전체 산재 사망 사고의 약 81%과 5인 미만 사업장35%에 집중된 현실을 고려했을 때, 이같은 소규모 사업장 차등은 또 다른 비극을 부를 수 있다고 주장한다. 인과 추정의 원칙도 그간 산재 예방 대신 법을 반복적으로 위반하거나 산재 은폐 등을 한 책임자에게 응당한 책임을 묻는 것일 뿐, 과다한 처벌이 아니라는 입장이다. 또 정부는 인과 추정 원칙이 형사법상 무죄 추정의 원칙에 반해 위헌 소지가 있다고 보는데, 환경범죄단속법 등에서 이미 인과관계 추정 조항을 담고 있어 문제가 없다고 설명한다.

솜방망이로 둔갑한 처벌 실태

중대재해 법인과 경영 책임자에게 부과하는 벌금형에 1억 원 하한을 설정하는 내용의 중대재해처벌법 개정안이 대표 발의되기도 했다. 당초 벌금형 하한은 우리나라의 솜방망이 산재 처벌 실태를 고려했을 때 도입해야 한다는 요구가 많았다. 원래 정부안에서도 5,000만 원의 하한이 정해져 있었다. 하지만 기업 활동에 부담이 된다는 경영계의 반발로 인해 국회 심사 과정에서 삭제됐다. 현행 중대재해처벌법은 노동자 사망 시 안전보건 의무를 다하지 않은 사업주·경영 책임자에게 10억 원 이하, 법인·기관에는 50억 원 이하 벌금을 매기고 있다.

2021년 1월 26일 공포된 중대재해처벌법은 안전·보건 조치 의무를 위반해 인명피해를 발생하게 한 사업주와 경영자의 책임을 강화하는 것이 핵심이다. 사업주는 노동자가 숨질 시 1년 이상의 징역 또는 10억 원 이하의 벌금을, 부상당할 경우 7년 이하의 징역 또는 1억 원 이하의 벌금형에 처해진다.

건설업계는 과잉 입법이라며 반발하고 있다. 사업주가 직접 피해를 준 당사자가 아님에도 하한형의 유기징역을 부과하는 것은 형법상 과잉 금지 원칙에 위배된다는 주장이다. 법안 내용이 현실과 동떨어졌다는 반박도 있다. 현장 대리인이 아닌 사업주가 공사 현장을 모두 지휘·감독해야 하는데 실질적으로 불가능하다는 의견이다. 수십, 수백 곳에 이르는 현장에서 대표가 모든 지시를 내리고 책임을 져야 한다는 것은 말도 안 되는 이야기라고 반박한다.

반면, 노동계는 법의 실효성에 강한 의문을 제기하고 있다. 강원도 내 업체 중 법안 적용 제외 대상인 5인 미만 사업장이 80%에 가까워 법안 실효성이 없다는 주장이다. 과잉 입법이라는 건설업계의 주장에도 아직 부족하다고 밝혔다. 지금까지 사고가 반복된 것은 벌금이 설비교체 비용이나 산업안전관리 비용보다 저렴했기 때문이다. 노동자들의 목숨 값이 비싸다는 것을 기업이 알아야 일터에서의 죽음이 사라질 것이다.

책임자 범위에서의 팽팽한 노사 간 줄다리기

경영 책임자 범위와 관련한 노사 간의 줄다리기도 팽팽하게 겨루고 있다. 중대재해처벌법에서 경영 책임자란, 사업을 대표하고 사업을 총괄하는 권한과 책임이 있는 사람으로 규정된다. 노사 간 쟁점은 이러한 경영 책임자에 과연 본사 대표이사가 포함되는지 여부다. 노동계는 본사와 원청 등 최종적으로 안전보건 관리체계를 확립할 책임이 있는 대표에게 중대재해의 책임을 물어야 한다고 보는 반면, 경영계는 아무리 안전보건 관리를 총괄할지라도 인사·노무 등에서 독립성을 지닌 사업장이라면 그곳에 별도의 책임자가 있다고 봐야 합당하다고 반박한다.

과거 산업안전이나 노동자 권익 보호 법안은 더불어민주당의 의지 부족과 보수정당의 반대로 흐지부지되는 경우가 대부분이었다. 그런 점에서 국민의힘 지도부가 중대재해기업처벌법 제정에 전향적 입장을 밝힌 것은 의미가 크다. 중대재해는 특정 노동자의 과실이 아니라 안전을 위협하는 작업 환경과 기업 내 관리시스템의 부재, 안전을 비용으로 취급하는 이익 중심 문화, 산업재해를 개인의 실수로 간주하는 사회적 인식이 복합적으로 작용한 결과다.

중대재해가 발생한 사업장은 사고 발생 공정설비뿐 아니라 전반적인 산업안전보건법 위반사항과 유해·위험요인을 면밀하게 점검하고 대책을 수립해야 한다. 문재인 대통령은 '산재 사망자 수 절반으로 줄이기'를 핵심 공약으로 내세웠지만 중대재해 발생 시 작업 중지 범위의 개악과 후퇴는 노동 현장의 재해 예방을 가로막는 핵심적인 문제가 되고 있다.

언제까지 후진국형 산재를 두고 봐야 하나

안전 인력 확충·예산 구축에 대한 주요 의사결정권은 사업주에게 있다. 법 제정 과정에서 중대재해처벌법을 감당할 수 없는 5인 미만 사업장에 안전지원금을 늘리는 등 정부가 져야 할 책임이 빠진 점은 잘못된 부분이라고 볼 수 있다.

문 대통령은 대선 공약에서 산재 사고를 절반으로 감축하겠다고 했지만, 이행은 답보 상태다. 당장 4월만 해도 64명이 목숨을 잃었다. 4월 중대재해 분석 결과를 보면, 66건의 재해가 발생해 사망자 64명, 부상 21명이 발생했다. 사망자 64명 중 25명이 하청노동자다. 사망자 중 7명은 이주노동자다.

건설업이 34곳52%으로 절반을 넘었고, 제조업 19곳29%, 기타업종 13곳 순이었다. 떨어짐 24건36%, 끼임 17건26%, 맞음 6건9%, 부딪힘 5건8%, 깔림 3건6% 등이었다. 문 대통령이 지목한 후진적인 산재사고라고 볼 수 있다.

고용노동부의 산업재해 현황을 보면 산업재해 사망자는 2017년 1,957명, 2018년 2,142명, 2019년 2,020명 등이다. 지난 4월, 한익스프레스 화재 사건으로 38명의 노동자들이 목숨을 잃으면서 올해 산업재해 사망자도 이전보다 줄어들지 않을 것이라는 예측이 벌써 나오고 있어 안타깝다.

중대재해처벌법

재계가 이중 처벌이라며 강력하게 반대했던 중대재해처벌법(중대재해 처벌 등에 관한 법률) 제정안이 2021년 1월 8일 국회 본회의를 통과했다. 노동자의 사망사고를 줄이자는 입법 취지에는 모두 공감하지만, 세부 사안에서 사용자와 노동자의 평가가 엇갈리고 있다. 주요 논란을 문답식으로 정리해보았다.

Q. 이 법을 제정한 취지는?

A. 충남 태안의 화력발전소 사망사고로 인해 일명 '김용균법'이라 불리는 산업안전보건법이 28년 만에 개정되었지만, 이후에도 계속 산업재해가 발생했다. 중대재해처벌법은 3년간 국회에서 통과하지 못하고 계류되었다가 故김용균 유족의 천막 단식 농성으로 재조명 받게 되면서 가까스로 국회를 통과했다.

Q. 어떤 의무가 발생하는가?

A. 법조문을 그대로 옮기면 다음과 같다. '재해 예방에 필요한 인력과 예산 등을 구축, 재해 발생 방지 대책 수립, 안전·보건 관계 법령에 따른 의무 이행 조치, 중앙행정기관·지자체가 개선, 시정 등을 명한 사항의 이행에 관한 조치' 등이다.

3장 잘못된 노동정책, 몰락의 신호탄

Q. 이를 위반하면 누가 어떤 처벌을 받는가?

A. 법에 명시한 의무를 다하지 않아 1명 이상의 사망자가 발생한 경우 최대 1년 이상 징역 또는 10억 원 이하 벌금에 처하며, 징역과 벌금이 동시에 부과될 수 있다. 또한, 6개월 이상 치료가 필요한 부상자가 2명 이상 발생하거나 대통령령으로 정하는 질병 환자가 1년 이내에 3명 이상 발생한 경우 7년 이하의 징역 또는 1억 원이하의 벌금에 처한다.

Q. 노동자가 다치면 무조건 처벌받는가?

A. 법이 정한 의무를 다하지 않았을 때만 처벌한다. 부상 및 질병에 대해서는 7년 이하의 징역 또는 1억 원 이하의 벌금에 처할 수 있도록 했다. 동일한 사고로 6개월 이상 치료가 필요한 부상자가 2명 이상 발생하거나 같은 이유로 직업성 질병 환자가 1년 이내에 3명 이상 발생한 경우다.

Q. 하도급 재해 땐 원도급이 처벌받는가?

A. 처벌받는다. 하도급 업체에 도급·용역을 맡긴 경우 하도급 업체에서 중대재해가 발생하면 원도급 사업주 또는 경영책임자도 처벌을 받는다.

Q. 법안 통과에도 노동계의 반발이 큰 이유는 무엇인가?

A. 사각지대가 너무 많다. 종사자의 40%, 산업재해발생 사업장의 30%, 산업재해 사망자의 20%가 '5인 미만 사업장'에서 발생하는 데 이를 일괄적으로 배제했다. 법을 빠져나가기 위해 사업장을 쪼갠 '가짜' 5인 미만 사업장이 늘어날 수 있어 책

임을 회피할 수 있는 구멍을 만들어줬다는 게 노동계의 주장이다.

Q. 모든 사업장에 적용되는가?

A. 5인 미만 사업장은 처벌 대상에서 아예 빠졌다. 상시 노동자가 50인 미만인 중소업체는 법 공포 후 3년까지는 적용이 유예된다.

복지 정책의
이중 잣대

현 정부가 추진한 최저임금의 급격한 인상, 대규모 정규직화, 주 52시간제 정책의 공통점은 경제적 혜택이 좋은 직장을 가진 30~40대들에 집중되고 있다는 점이다. 세금으로 소득을 높이면 성장이 나타날 거라는 환상을 심어주고 정책을 밀어붙인 배경에는 그간 '부유층 혹은 자본가들이 부당하게 결과물을 가져간다' 는 믿음이 있다. 설령 그게 사실일지라도 일자리를 두고 세대 간 갈등이 일어나며 생산성이 낮은 일자리는 인건비 상승으로 인해 기업에서 퇴출되면서 빈곤층은 더욱 빈곤해지고 있다.

지금 가장 중요한 문제는 기성세대와 청년이 일자리 기회 앞에서 공정하게 경쟁하도록 제도를 개선하는 것이다. 정년제도, 임금체계, 취업과 해고, 정규직 전환 등 노동시장에 있는 거의 모든 제도를 시대에 맞춰 재검토하여 합리화하는 것이 눈앞에 닥친 과제다.

"

가파르게 진행된 고령사회에서 고령층에
게는 일자리야말로 최고의 복지일 수 있다.
그러나 당장의 일자리 수는 정해져 있다.
노인 복지 등 사회안전망이 충분히 확보되
지 않은 상태에서 고령 노동이 늘고, 정년
연장만을 내세워 일자리를 차지하고 있으
면, 세대 간 일자리 갈등이 커질 수 있다.

"

정년제도에는 답이 없다

뜨거운 감자, 노동가능연한

2019년 2월, 육체노동자의 노동가능연한을 기존 60세에서 65세로 상향해야 한다는 대법원 판결이 나왔다. 고령화 시대로 접어든 우리나라는 이제 점점 노동력이 부족해지고 있다. 이에 따라 대법원이 65세까지는 일할 수 있다고 하니 노동계는 정년도 연장해야 한다고 주장한다. 노동가능연한이 늘어났다는 건, 그만큼 노동시장에 머무는 시간도 길어졌다는 뜻으로 정년 연장은 일자리를 오래 차지한다는 것을 뜻한다.

노동가능연한, 즉 노동가능연한이란 노동에 종사해 수익을 얻을 것으로 예상되는 연령의 상한을 말한다. 대법원 판례에서 인정하는 연한을 직업에 따라 살펴보면, 개인택시 종사자는 60세, 중소기업의 대표이사, 소설가, 의사, 개인 약국 경영 약사는 65세까지 인정한다. 변호사나 목사는 70세까지 인정하고 있다. 육체노동가능 연령은 65세로 높였다.

그러나 정년 문제를 단순히 연장으로만 보는 것은 뜨거운 감자가 되기 쉽다. 독일이 장기 과제로 2029년까지 정년을 65세에서 67세로 삼은 것도 그런 이유다. 초고령사회인 일본이 임금피크제와 같은 정책을 보완책으로 병행하면서 정년을 70세로 늘리는 것도 같은 이유다. 미국과 영국은 정년을 70세까지 상향 조정했다가 나이를 이유로 차별하는 것이라며 정년 자체를 없앴다. 다만, 육체적인 능력이 필요한 직업군에는 정년이 유지되고 있다.

우리나라는 호봉제_{연공급} 비중이 매우 높아 정년 연장을 가로막는 걸림돌이 된다. 젊을 때는 높은 생산성에 비해 임금이 적고, 나이가 들어 생산성이 떨어질 때는 근무기한에 따라 훨씬 더 많은 임금을 받는 구조다. 이런 상황에서 기업은 인건비 부담에 신규 채용을 줄이는 방식을 택할 수밖에 없다. 기업의 입장에서 보면 높은 해고 비용, 정년제도, 호봉제 때문에 중장년층을 기피하게 된다.

정년 연장은 고령화 문제의 답이 될 수 있을까

가파르게 진행된 고령사회에서 고령층에게는 일자리야말로 최고의 복지일 수 있다. 그러나 당장의 일자리 수는 정해져 있다. 노인 복지 등 사회안전망이 충분히 확보되지 않은 상태에서 고령 노동이 늘고, 정년 연장만을 내세워 일자리를 차지하고 있으면, 세대 간 일자리 갈등이 커질 수 있다.

대선 공약인 직무급제를 비롯해 성과급제, 임금피크제 등 논의해야 할 과제도 한둘이 아니다. 65세인 노인 기준이나 연금수령 연령까지 감안하면 난제는 더 많다. 심각한 저출산 문제와 연결시켜 경제활동 인구 확보 차원에서 본다면 정년 연장보다 정년제도를 아예 없애는 게 근본적인 해법이 아닐까.

정년이 높아지면 노동자들은 월급을 보다 긴 시간 동안 수령할 수 있고, 정부는 세수가 늘어난다. 반면, 연금지급액은 줄어들며, 더 많은 사람이 더 오랫동안 일하기 때문에 경제성장 속도가 빨라지는 등의 장점이 있다. 하지만 정년이 연장되면 일자리가 부족해질 것이라는 우려 때문에 많은 사람은 정년 연장을 기회라기보다는 근심거리로 여기고 있다. 수십만 명의 노동자들이 수십만 명의 다른 노동자들의 일자리를 빼앗고 있다는 생각은, 한 경제에서 일자리 수는 정해져 있다는 것을 전제로 한다. 경제학에서는 이 같은 오해를 '노동총량 불변의 오류lump of labour fallacy'라고 한다.

정년 연장은 고령화 문제에 대처하기 위한 방법 가운데 일부에 불과하다. 막상 현실에서는 많은 노동자가 정년을 다 채우지 못하고 은퇴하기 때문이다. 현실적인 문제 해결 방법에는 노동에 대한 인식과 관행이 바뀌어야 한다. 육체적인 능력을 필요로 하는 업종에서는 60대에도 일하기 어렵겠지만, 지적인 능력을 필요로 하는 업종에서 고령은 문제가 되지 않는다. 오히려 나이 든 노동자가 연륜을 바탕으로 더 뛰어난 기술을 보유하고 있다. 그러나 대부분의 경우, 나이가 들수록 생산성이 떨어지므로 임금은 이를 반영해 지급할 필요가 있다.

특히, 대기업과 공공부문은 모두 선호하는 직장으로 노동 시장에서 보면 경직된 부문이다. 이런 곳에서 정년 연장은 일방적으로 일찍 자리 잡은 사람들의 손을 들어주겠다는 것이나 다름없다. 정년제도를 법적인 테두리 안에서 실제로 적용하는 직장은 이런 기업들이다.

그러나 대부분의 노동자는 중소기업에 속하고, 고용보호 수준이 낮고 이직률이 높아 정년 연장과 별 상관이 없다. 아무리 처우가 낮은 곳으로 이직한다고 하더라도 노동시장에서 퇴출되는 최종 은퇴 연령은 70세에 달하므로 노동력이 부족하여 정년 연장이 필요하다는 주장은 사실상 설득력이 없다.

1987년 노동자 대투쟁 이후 노조가 합법화를 이루고 영향력이 확대되면서 생산직에도 호봉제가 빠르게 확산되었다. 직무의 난이도가 업무 수준을 기반으로 성과급이 추가되는 구조와 달리 우리나라는 근무 연한에 따른 호봉제가 차지하는 비율이 꽤 높다.

노동자 입장에서는 근무연한에 따라 보수가 자동으로 증가하는 호봉제를 당연히 선호한다. 강력해진 노조에 의해 생산직까지 호봉제가 확대된 것은 기업의 훌륭한 경영 목표 실현을 위한 긍정적인 결과라기보다는, 노조가 원하는 대로 해야 분란의 소지를 줄이고, 그편이 더 경영에 유리하기 때문이다.

정년 연장의 부작용을 해결할 대책 마련 필요

고령자가 경제활동을 하는 건 당연한 일이지만, 굳이 청년 구직자들이 길게 줄 선 직장에 계속해서 머무르게 할 필요는 없다. 그곳에서 중장년 노동자는 자신의 생산성보다 훨씬 많은 급여를 받고 있다. 2013년 정년이 60세로 연장되면서, 기업은 정년 연장으로 인한 충격을 줄이고자 신규 채용을 줄이는 방식으로 비용을 절약하는 방식을 택했다. 이런 부작용의 대안으로 임금피크제 도입을 병행하는 법 규정이 있었다.

그러나 임금피크제는 정년 연장의 부작용을 해결하는 근본적인 대안이 되지 못했다. 정년 마지막 몇 년간의 임금을 줄이는 것으로는 인건비가 상쇄되지 않는다. 또한, 기업으로서는 중장년 노동자가 정년에 도달하기 전에 이직이나 해고를 유도하는 경우가 잦아진다. 이로 인해, 중장년 일반에 대한 사회적인 기피 심리가 강해져 고령 노동자의 고용 안정과 증진이라는 본래 취지와는 거리가 먼 결과가 초래된다.

더구나 중고령 노동자가 특수한 업무 숙련도와 지식을 가졌고, 후배에게 이를 전수하는 역할을 할 수 있음에도 과도한 노동비용이 부담스

러워서 이직해야 한다면, 이는 본인과 기업은 물론 사회 국가적으로도 큰 손실이라고 할 수 있다.

근속 연수에 따라 임금이 오르는 호봉제는 과거 고도 성장기에 노동자의 장기근속을 유도하는 역할을 했으나, 저성장 고령화 시대를 맞아 인건비 부담으로 유지하기 어렵다는 지적이 거세졌다. 이에 따라 근속 기간이 아닌 직무의 난이도, 업무 수행 능력, 가치 등을 기준으로 직무급제를 도입해야 한다는 주장이 힘을 얻고 있다. 따라서 이 모든 문제를 해결하고 지원하는 역할은 정부가 맡아야 한다. 그러나 공공부문 임금체계를 개편하려는 정부의 노력은, 직무급이 최저임금을 기준으로 설계된 탓에 저임금으로 고착화될 것이라는 노동계의 반대에 부딪히고 있다.

정책의 방향성은 정년 연장에 있지 않다

OECD 국가 중 우리나라는 호봉제가 가장 심한 나라로, 신입 노동자에 비해 30년 근무 노동자의 임금이 세 배에 달한다. 호봉제의 종주국과도 같았던 일본마저도 그간의 개혁을 통해 직무와 역할, 성과를 기반으로 한 임금으로 상당 폭 전환한 결과, 이제는 우리나라보다 호봉제 정도가 훨씬 낮아졌다.

초고령 사회에서 고령 빈곤 문제까지 고려하면, 고령자가 노동시장에 더 오래 머물면서 주 소득뿐 아니라 시간제 노동 등으로 소득을 창출할 기회가 지금보다 훨씬 더 많아야 한다.

그러나 정년이 현실적으로 의미를 갖는 곳이 대기업과 공공부문에만 국한된다는 점에서 사실상 정년 연장은 고령 빈곤 이슈와는 상관이 없을지도 모른다. 안 그래도 과보호되는 노동자를 일자리가 필요한 청년을 희생시켜 더 과보호하자는 주장과 다름이 없으니 문제가 해결될 조짐이 보이지 않는다.

그렇다면, 고령자의 고용을 안정화하고, 고령 빈곤을 해결하려면 어떻게 무엇을 해야 할까?

정책의 방향성을 정년 연장 쪽이 아니라 노동시장 환경 정비 쪽에 두어야 한다. 고령 노동을 기피하지 않는 인식 개선과 노동시장 환경 정비, 고령자의 노동력 향상을 위한 교육이 필요하다.

고령 노동자에게 오랜 시간 동안 숙련한 경험과 기술을 살리면서 소득을 올리고 양질의 일자리를 제공해주는 것이 필요하다.

66

우리나라는 정보와 지적 인프라 없이 선진국을 모방하기만 하는 복지 정책을 펼치고 있다. 선진국에 진입한 지금도 시대에 뒤떨어진 '선진국 따라하기' 방식에 매몰돼 있다. 사회복지 정책에서는 정도가 심하다. 좋아 보이는 복지 정책 개념을 그대로 따라하려다 보니 전체적인 포맷이 허술하고, 세밀한 부분에서 오류가 발생한다. 같은 정책이라도 실행 결과에서는 나라마다 많은 차이가 생긴다. 거기서 오는 문제를 해결하는 데만도 막대한 비용과 시간이 든다.

99

02

복지정책의 배가 산으로 가는 까닭은

아무도 뒤처지지 않게 하겠다는 과욕과 착각

통계청은 2030년 기한
의 유엔 지속가능발전목표SDGs: Sustainable Development Goals 이행 상황을
점검하는 〈한국의 SDGs 이행보고서 2021〉을 발간했다. SDGs는 전 세
계가 인류의 지속 가능한 발전을 위해 오는 2030년까지 공동 달성하기
로 유엔총회에서 합의한 17개 정책 목표로, "아무도 뒤처지지 않게 한
다Leaving No One Behind"는 포용성이 목표 달성의 골자다.

보고서는 SDGs 지표를 근거로 성평등, 산업재해, 기후변화 등에 관
해 한국의 지속 가능한 발전 현황을 국제적으로 비교 분석했고, 이행
과정에서 어떤 집단이 뒤처져 있는지도 보여준다.

이 보고서에 따르면, 2019년 기준 우리나라의 공공사회복지지출 규
모는 명목 GDP 대비 12.2%였다. OECD 평균인 20.0%보다 7.8%포인
트나 낮은 수치로, 우리나라는 비교 대상 31개 나라 중 28위에 그쳤다.

우리나라보다 사회복지지출 수준이 낮은 나라는 터키와 칠레, 멕시코 세 나라에 불과했다. 사회복지지출 수준이 가장 높은 나라는 프랑스로 31.0%였고, 이어 핀란드 29.1%, 벨기에 28.9%, 덴마크 28.9%, 이탈리아 28.2% 등의 순이었다.

우리나라의 GDP 대비 공공사회복지지출 규모가 OECD 회원국 중 최하위권에 머문 반면, 복지지출 증가 속도는 1위로 상승한 것으로 나타났다. 최근 인구 자연감소 추세대로라면 향후 고령화 속도도 빨라져 2050년대에는 고부담-고복지 국가군에 진입할 것이라는 전망이 나왔다.

또한, 한국을 위한 OECD 사회정책 보고서에 따르면, 한국의 15~64세 집단의 고용률은 지난 20년 간 63% 수준에 머물러 있으며, OECD 평균보다 낮은 수준으로 특히 청년과 여성 고용이 저조한 까닭이라고 밝혔다. 보고서를 통해 OECD는 OECD 국가 중에 한국의 고령화가 가장 빠르고, 출산율도 저조해 OECD 국가 중에서 가장 낮다는 점을 고려할 때, 낮은 고용률이 지속되는 점이 우려된다고 하였다. 이에 따라 OECD는 한국이 2050년에 이르면, 노인 부양률이 OECD 국가 중에서 두 번째로 높을 것으로 예상했다.

'OECD 평균의 복지, OECD 평균 국민 부담률'이라는 목표가 처음 나타난 것은 참여정부 시기였다. 그러나 그 후 20년이 지난 지금도 여전히 OECD 평균의 지출 수준을 달성하겠다는 목표가 나오고 있다. 돈을 어떤 분야에 어떻게 쓰겠다는 것이 아니라, 얼마나 쓰겠다는 계획을 먼저 세우니 이는 복지 정책에 관해 비전이 없다고 고백하는 것과 다름없다.

시대에 뒤떨어진 선진국 따라하기 정책

우리나라는 정보와 지적 인프라 없이 선진국을 모방하기만 하는 복지 정책을 펼치고 있다. 선진국에 진입한 지금도 시대에 뒤떨어진 '선진국 따라하기' 방식에 매몰돼 있다. 사회복지 정책에서는 정도가 심하다. 좋아 보이는 복지정책 개념을 그대로 따라하려다 보니 전체적인 포맷이 허술하고, 세밀한 부분에서 오류가 발생한다. 같은 정책이라도 실행 결과에서는 나라마다 많은 차이가 생긴다. 거기서 오는 문제를 해결하는 데만도 막대한 비용과 시간이 든다.

유럽의 일부 선진국은 일정 수준 이상의 소득은 거의 모두 세금으로 내는 것에 국민들이 수긍했다. 그러나 30년 동안 단 한 번의 경기 침체도 없을 정도로 유례없는 호시절을 누렸기 때문에 가능했다는 점을 놓쳐선 안 된다. 요즘엔 도리어 복지 지출이 낮은 아시아를 서구 쪽에서 부러워하기도 한다. 복지 지출이 적은 것은 약점이 아니라 앞으로 보다 선진적인 복지 시스템을 구축할 수 있는 기회라는 관점으로 봐야 한다.

우리나라는 경제가 압축적으로 성장했기 때문에 부문 간 격차가 매우 크다. 저생산성 사업체와 저숙련 노동자 비중도 상대적으로 높은 편이다. 대다수의 국민이 저임금 노동으로 유지하는 저생산성 부문의 비중이 높다 보니 국가의 조건 없는 소득 보장이 오히려 경제활동에 참여할 의욕을 저하시킬 수 있다는 것을 고려해야 한다.

선거용으로 낭비되는 '보편복지'

보편복지는 모든 사람에게 같은 혜택이라는 얄팍한 이해가 선거 슬로건이 되고, 정책이 되어 표심을 잡고 있다. 보편복지는 원래 사회적 맥락에 의해 결정하는 변화하는 탄력적인 개념이다. 필요한 복지 서비스에서 소외되는 사람 없이 능력이 있는 사람은 더 부담하고, 어려운 사람에게는 혜택을 더 주는 식이다.

전 국민 재난지원금과 선별 재난지원금은 지금도 '다 줄 것인지, 선별해서 줄 것인지' 찬반 의견이 팽팽하다. 사실 우리는 둘 다 모두 경험해보았다.

그렇다면, 그 효과는 어떠했을까?

조 단위의 엄청난 돈이 들어가는 일인데, 쓴 다음에 그 효과를 측정해보지도 않는다는 건 아주 이상한 일이다. 하다못해 작은 기업에서도 수

백만 원의 돈만 써도 관련 보고서에 증빙 서류까지 제출해야 하는데 말이다. 놀랍게도 기획재정부는 아직까지 어떤 보고서도 내놓지 않고 있다. 결과를 통계 내 보지도 않고 이러쿵저러쿵하는 건 사실 아무 의미도 없다. 또한, 근거도 없이 십수 조 원의 예산을 쓰는 건 무책임하기까지 하다.

쏟아져나오는 뉴스와 민간에서 조사한 관련 결과를 보고 유추했을 때, 전 국민에게 모두 줄 때 오히려 하위층의 소득증가율이 높은 것으로 나타났다. 선별해서 지원하자 중산층의 소득은 감소하고, 상위 30%의 소득이 가장 크게 증가했다는 것이다. 물론, 통제 불가능한 요소들이 많은 게 사실이다.

기본 개념을 정립하자면, 전 국민 재난지원금은 재정 정책이고, 선별 재난지원금은 복지 정책이다. 지금처럼 수요가 급감할 때는 과감한 재정 정책이 하위계층을 위해서도 오히려 더 효과적이라는 유추는 선입견 없이도 충분히 해볼 만하다.

경기도의 청년기본소득, 서울시의 청년수당은 다른 소득 여부와 상관없이 지급하는 소득이라는 점에서 기본소득이며 보편복지라고 홍보하고 있다. 지급받는 청년들의 만족도는 상당히 높게 나타나고 있다.

4장 복지 정책의 이중 잣대

지원금도 실제 도움이 되도록 조건에 맞게 줘야한다

원래 기본소득
은 모든 이가 사회에 대해 일종의 배당을 받을 권리가 있다는 생각으
로 시작된 주장이다. 로봇의 확산 속에서 일자리가 줄어드는 마당에
이를 이용해 막대한 부를 버는 이들에게서 세금을 걷어 일자리가 없는
사람에게 나누어줌으로써 재분배를 강화해야 한다는 것이 진보 좌파
의 주장이다.

근래 주목받고 있는 선진국의 기본소득 실험은 원래의 기본권적 시
각과는 거리가 있다. 조건 없이 모든 국민에게 현금을 주는 방식이 아
니기 때문이다. 과거보다 수급 조건을 완화시키지만, 기본 목표는 경
제활동에 참여하는 것을 권장하는 쪽으로 취약계층 대상의 복지제도
를 개선하기 위한 실험이다. 그러니 기본권적 의미에서 모두에게 보장
하는 현금 지원과는 상당히 다르다고 할 수 있다.

서구에서 이루어진 실험들은 모든 사람들이 국가로부터 무조건 일
정액을 받을 권리가 있다는 시각을 정책에 전적으로 받아들이지는 않
았다. 반면, 우리나라 일부 지자체에서는 기존 제도의 문제점 해결을
위해 부분적으로 요소를 차용하는 정도가 아니라 가구 소득과 무관하
게 현금을 지급하는 것은 상당히 돌출된 방식이라 할 수 있다. 한편으
론 청년층만을 대상으로 하기 때문에 정책 목표도 불분명하다.

교육과 노동 개혁으로 공정하게 만들어야 한다는 시각에 기반을 두

고 구조적 원인을 제대로 치유하지 않는 이상 사회가 지속적으로 발전하는 데 위협받을 수 있다. 우리나라는 1차 분배를 슬로건으로 활용하면서 역량과 공정한 기회의 부여 대신 현금 지원과 임금 인상만을 강조하니 제대로 된 복지 정책이 실현될 수가 없는 실정이다.

지금 가장 중요한 문제는 기성세대와 청년이 일자리라는 기회 앞에서 공정하게 경쟁하지 못하도록 하는 제도를 해결하는 것이다. 정년제도, 임금체계, 취업과 해고, 정규직 전환 등 노동시장에 있는 거의 모든 제도를 시대에 맞춰 재검토하여 합리화하는 것이 우리에게 닥친 과제다.

"

'아직은 더 성장을 해야 나눌 것도 있으니 복지는 나중에 하자'는 성장 우선론은 그릇된 생각이다. 고도성장기의 낙수효과가 거의 사라지고 양극화가 극심해진 지금은 오히려 복지국가가 성장의 기반이다. '지나친 불평등과 불안정이 성장을 저해한다'는 것은 이제 경제계에서 인정하는 주류 의견으로 정책 담론의 상식이 되었다. 소득이 골고루 분배되어야 부채에 의존하지 않는 지속적 수요 확대가 가능하고, 삶이 안정돼야 혁신과 구조조정을 잘할 수 있다.

"

의도가 결과가 어긋나는 정부의 소득정책

재난 가운데 희망을 비추는 한류

코로나 재난 가운데서도 한류는 더욱 빛났다. BTS방탄소년단는 언어와 지역의 경계를 허물고 세계 정상의 아티스트로 성장했다. 빌보드 뮤직 어워즈BMA에서 5년 연속 톱 소셜 아티스트에 이어 올해는 4관왕에 오르며 최다 수상 기록을 경신했다. 봉준호 감독은 "아카데미는 로컬"이라고 말하며 천연덕스럽게 감독상과 작품상을 포함해 4개의 아카데미 트로피를 거머쥐었다. 영화 '기생충'을 비롯하여 '미나리', 드라마 '킹덤', 핑크퐁 '상어가족', 국악밴드 '이날치 밴드', K-푸드, K-주사기, 스포츠 스타 등 한류는 위기와 절망 속에서도 빛났다. 한류의 세계화는 이제 더 이상 기적이 아니다.

코로나 여파에도 한국은 2020년 세계 수출 7위, 교역 9위 사리를 지키며 선전했다. 수출 증감률은 10개 주요국 가운데 4번째로 양호한 수준을 기록했다. 특히, 한류 영향으로 우리 콘텐츠의 국제 경쟁력을 입중해 콘텐츠 수출액의 증가가 돋보였다. OECD는 "한국은 효과적인 방역조치로 회원국 중 GDP 위축이 가장 적은 국가"라고 설명했다.

중국의 엄청난 물량 공세에 수년을 고전하던 조선산업은 기술력 우위를 입증하며 액화천연가스LNG선, 초대형 원유운반선VLCC 등 고부가가치 선박 수주를 싹쓸이해 지난해 연말에만 12조 5,000억 원어치를 수주하며 중국을 저만치 떨어냈다. 전기차 시대를 맞은 한국의 배터리와 반도체 수요는 하늘로 치솟고 있다. 한국의 경제규모GDP 기준는 세계 9위로 올라섰다.

그렇다면 이제 우리는 선진국이 된 걸까

드디어 높아진 삶의 질을 누리며 행복하게 잘살고 있는 걸까?

안타깝게도 우리나라의 행복지수 순위는 OECD 최하위 그룹에 속한다. KDI한국개발연구원에 따르면, 우리나라의 지난 2018~2020년 평균 국가 행복지수는 10점 만점에 5.85점이었다. 전체 조사 대상 149개국 중 62위에 해당한다. OECD 37개국 가운데는 35위로, 한국보다 점수가 낮은 OECD 국가는 그리스5.72점와 터키4.95점뿐이다.

우리 국민에게 행복을 저해하는 요소를 물어보았더니 처우가 낮은 근무 환경, 낮은 소득, 일자리 부족, 노인 빈곤으로 인한 노후 불안, 미세

먼지 농도 등이 있었다. 상위권에 해당하는 원인으로는 주로 경제적인 요인을 주로 꼽았다. 선진국 대열에 들어설 정도로 전체 평균소득은 높을지라도 빈부 격차가 크고, 빈곤율이 높아 극심한 소득 불평등이 불행의 원인이라는 점이다. 좋은 일자리가 부족하고, OECD 평균을 뛰어넘는 장시간 노동과 고용불안은 많은 국민이 여전히 피곤하고 불안정한 삶을 살고 있다는 것을 의미한다.

대다수 나라에서는 생애주기에 따라 40~50대를 기점으로 삶의 만족도가 점차 낮아지다가 다시 회복하는 U자형 커브가 나타난다. 그런데 우리나라는 그렇지 않다. 노년으로 갈수록 삶의 만족도가 낮아진다. 그 결과가 차마 비교하기도 낯부끄러운 높은 노인 자살률이다.

노조는 누구의 편

부자들을 비난하거나 선심성 정책으로 일회성 돈 뿌리기 정책을 양산하는 것보다 훨씬 중요한 것은 불평등 구조를 원인부터 파악하여 개선하고 전체 파이를 키우는 것이다. 그러나 근래 각국에서 나타나는 경향은 그간 누적된 불평등, 발전에서 소외되었다고 느끼는 사람들의 불만, 이를 조직적으로 이용하는 정치 세력, 이 세 가지가 결합해 합리적인 정책 실행 자체를 어렵게 하고 있다.

정책이 이렇게 흘러간 데는 노조라는 이익집단도 한 부분을 차지한다. 흔히 노조는 자본가를 제외한 모든 노동자들을 대변한다고 착각하기 쉽지만, 노조는 노조원만을 대변한다. 그리고 그들은 주로 장년층 노동자들로 구성된다. 미취업 청년층, 비정규직, 노년층은 노조의 관심 대상이 아니다. 노조와 이들의 이해가 부딪힐 경우 어느 쪽을 선택할 것인지는 쉽게 짐작할 수 있다.

해답을 내기 어려운 소득 불평등 문제

소득 불평등은 이제 모든 선진국과 중진국에서 중요한 문제가 되었다. 더구나 소득 불평등 문제는 해결하기 가장 까다로운 분야이기도 하다. 노인 빈곤 등 빈곤 문제를 해결하고, 상대적 빈곤을 축소하기 위해서는 재분배를 늘려야 한다. 복지 확대는 가장 유효한 소득 재분배 수단이다. 선별 기본소득 도입, 고용보험 확대, 제대로 된 연금개혁까지 소득보장 체제를 전면 확충하고 개혁해야 한다. 공교육·공공의료·주거복지 등에 재정 투입을 확대할 필요가 있다.

현 정부가 추진한 최저임금의 급격한 인상, 대규모 정규직화, 주 52시간 정책의 공통점은 경제적 혜택이 좋은 직장을 가진 30~40대들을 대상으로 집중하고 있다. 세금으로 소득을 높이면 성장이 나타날 거라는 환상을 심어주고 정책을 밀어붙인 배경에는 그간 부유층 혹은 자본가들이 부당하게 결과물을 가져간다는 믿음이 있었다. 설령 그게 사실일지라도 일자리를 두고 세대 간 갈등을 일으키게 하는 건 좋은 정책이 아니다. 더구나 생산성이 낮은 일자리는 인건비 상승으로 인해 기업에서 퇴출당하면서 빈곤층은 더욱 빈곤해지고 있다.

우리나라 소득분배 상황

통상적으로 소득 분배 현황을 판단하는 궁극적인 지표는 바로 가처분 소득을 기준으로 한 지니계수로 한다. 가계금융복지조사를 이용할 경우 지니계수가 높아 분배 하위국에 속한다. 우리나라 분배 상황은 대략 세 시대로 나뉜다.

첫 번째는 1970년대 초고도 성장과 인적 자본 대중화로 성장과 분배가 건강하게 양립되던 시대다.

두 번째는 1990년대 급속한 세계화와 맞물린 산업구조 변화 속에서 소득 불평등이 악화되는 구조적 전환 시대다. 1990년대 초반부터 경제 성장과 취업 기회의 확대라는 선순환이 더 이상 원만하게 진행되기 어려워졌다. 빠르게 공업화를 이룬 우리나라는 이 시기 급격한 탈공업화를 맞았다. 노동자들의 보수 격차 등 다양한 영역에서의 격차가 확대된 것도 이 시기다. 노사 관계 변화 역시 노동자 간 격차를 확대시켜 이중 구조를 고착시켰다.

세 번째는 2000년대 중후반 금융위기 이후 재분배가 강화되고 불평등도가 개선되거나 횡보하던 시대다. 고령화로 인한 불평등 심화 요인이 지배적인 가운데 노동시장에서는 임금 격차 완화, 가구 내 소득 창출자 분포의 변화, 이전 소득 확대로 인한 영향 등이 종합적으로 작용하고 있다. 2000년대 중반부터는 재분배 노력의 강화로 시장 소득 지니계수와 가처분 소득 지니계수의 차이도 벌어져 분배가 개선되기 시작한 것으로 나타난다.

지니계수의 정확도가 더 높다고 평가되는 '가계금융복지조사'에서도 이런 추세가 명확히 나타나고 있다. 태어난 가정환경에 구애받지 않고 질 좋은 교육으로의 접근이 가능하고 거기에서 쌓은 인적 자원이 향후 노동시장에서 좋은 일자리로 이어지는 구조를 회복시키는 것이 분배 문제의 근본적인 해결이었고 앞으로도 마찬가지다.

"노동자 90%의 소득이 향상되었다"며 "최저임금이 분배에 긍정적 효과를 미쳤다"고 평가한 2018년 청와대 논평은, 일자리를 잃을 염려가 없는 핵심 노동자에게만 시야가 제한되어 있으며, 미취업 가구를 누락하기까지 했다. 이 경우 분배 상황을 심각하게 왜곡할 위험이 높다.

'소득 불평등 완화를 위해 최저임금의 대폭 인상이 필요하다'는 주장은 문재인 정부 경제 정책의 핵심이다. 그런데 실상은 노동시간이 짧은 단시간 노동자나 간헐적 일용직이 늘어나 노동시장 전체의 노동소득 격차가 증가하고 있다. 이는 최저임금처럼 단지 시간당 임금을 인위적으로 올리는 것으로 해소되기 어려운 구조적 격차다.

'일자리가 곧 복지'라는 슬로건이 우리나라나 다른 선진국의 정책 방향에 자리를 잡은 것은 가구 내 취업자 수가 소득 불평등과 빈곤에서 차지하는 중요성이 증가했기 때문이다. 일자리가 최선의 복지인 이상 일자리가 활발히 만들어질 수 있도록 경제를 운영하는 것이 최선의 복지 정책이자 소득 불평등 완화 대책인 셈이다.

과거 고도성장 과정에서 소득 분배가 양호할 수 있었던 것은 인적 자원 확대와 일자리 간의 선순환 때문이었다. 이후 글로벌 경제 환경의 변화 속에서 일자리 기회가 축소됨으로써 과거 선순환이 종료되었다.

우선 근래 직면한 세계화와 기술 변화, 고령화라는 거대 트렌드를 헤쳐나감에 있어서 이런 글로벌 요인을 고려하면서도 제도의 공정성을 세우고 산업의 경쟁력을 높이는 방식으로 해야 한다. 한마디로 역량 중심, 일자리 중심, 공정한 기회를 보장하는 제도 중심의 정책이 필요하다.

복지국가가 곧 선진국이다

교육을 통해 계층별 지위가 대물림되어 상층 진입의 경로가 좁아지고 이동성이 하락하는 현상이 여러 가지 방식으로 확인되고 있다. 구조적 원인으로는 가정환경, 교육 투자, 노동시장에서 기회, 제도적 변수대학 편법 입학 등을 들 수 있다. 공교육 질을 높이는 것이 최대의 사회정책이다. 이와 함께 노동시장에서의 공정한 경쟁을 막는 장애물을 제거하는 것도 중요하다.

많은 일자리가 창출될 수 있도록 각종 규제를 완화하는 것, 좋은 공교육을 제공하는 것이 분배 정책의 핵심이다. 노동소득분배율은 전체 국민소득 중 임금이 차지하는 비중을 뜻하는데, 노동자는 노동소득을, 자본가는 자본소득을 가짐으로써 개인이 보유한 소득 원천에 따라 각자가 속한 소득 계층이 대략 결정되던 시절에 중요한 의미를 가질 수 있었다.

선진국은 곧 복지국가다. 복지국가가 되어야 비로소 선진국이라는 말이다. 2021년 우리나라 예산에서 복지 지출이 차지하는 비중은 36%로 OECD 평균인 50%에 크게 못 미친다. 반면, 경제 관련 지출이 19%를 차지해 OECD 평균인 10%를 크게 상회한다. 복지 예산 비중이 작고 경제 예산 비중이 큰 것은 과거 정부가 산업화를 주도하던 개발독재국가의 유산이다. 과거와 비교하면 나아졌으나, 여전히 선진국형 지출 구조와는 차이가 크다.

'먼저 성장을 해야 나눌 것도 있으니 복지는 나중에 하자'는 성장 우선론은 그릇된 생각이다. 고도성장기의 낙수 효과가 거의 사라지고 양극화가 극심해진 지금은 오히려 복지국가가 성장의 기반이다. 지나친 불평등과 불안정이 성장을 저해한다는 것은 이제 경제학계에서 인정하는 주류 의견으로 정책 담론의 상식이 되었다. 소득이 골고루 분배되어야 부채에 의존하지 않는 지속적 수요 확대가 가능하고, 삶이 안정돼야 혁신과 구조조정을 잘할 수 있다.

재개발이 시작된 이래로 요즘처럼 경제 정책이 정치에 종속되었던 적은 없었다. 적어도 전체 시스템을 망가뜨리면서까지 정치적 목표를 추구해서는 안 된다. 정치적 목적을 위해 국가가 직면한 위험을 외면하고 구조 개혁이라는 시대적 사명을 회피하는 것을 묵과해서는 안 된다. 그나마 희망적인 것은 정부 정책에 대해 큰 관심이 없던 많은 이들이 적극적으로 이슈에 관심을 두는 모습들이 나타나는 현상이다.

정부는 공정하면서 동시에 무능한 집단이라고 할 수 있다. 좋은 의도를 가졌지만, 결과는 엉망인 경우도 많다. 어떤 정책도 모든 경우의 수를 감안할 수는 없으므로 정책은 왜곡과 빈틈을 만들어낸다. 그리고 멍청한 정책일수록 결과는 의도와 정확히 반대가 되곤 한다. 막강한 권한을 가진 정부가 무능할수록 국민은 빈곤해진다. 그렇다고 정부가 도덕적이고 공정하리라는 기대도 무리가 있다.

최근 부동산 투기 의혹으로 질타를 받은 LH 사태의 본질은 개발을 독점하면 내부자는 반드시 사전 정보를 얻게 되고 그러면 그중 누군가는 이득을 취하며 악용할 수밖에 없다는 사실을 적나라하게 보여준다. 정부는 LH를 해체하여 환골탈태 시킨다고 했지만, 막상 공개한 혁신안은 기대에 못 미치고 있다. 해결책은 LH의 진정한 해체여야 하지만,

정부는 공직자 모두를 감시할 또 다른 기관을 창설한다.

정부는 엄청난 힘을 가진 이익집단일 뿐이다. 정부의 이익과 국민의 이익이 부딪히면 정부는 자신의 이익을 선택한다. 따라서 정부는 도덕적이지도, 공정하지도 않고, 결과적으로 유능한 집단도 아니다. 이건 몇몇 정치인의 도덕성에서 비롯된 것이 아니라, 선거라는 제도에서 부여된 권한이 준 혜택이다.

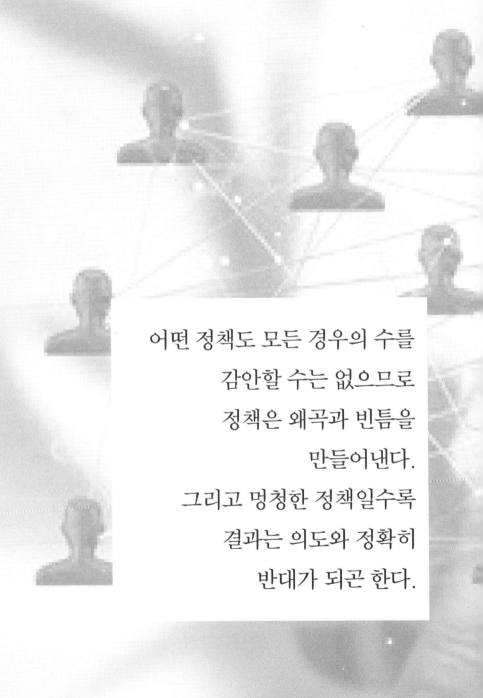

어떤 정책도 모든 경우의 수를
감안할 수는 없으므로
정책은 왜곡과 빈틈을
만들어낸다.
그리고 멍청한 정책일수록
결과는 의도와 정확히
반대가 되곤 한다.

"

장애인차별금지법 제정에 관심이 쏠린 가장 큰 이유는, 차별을 해결하여 장애인의 사회 참여의 문을 활짝 열 수 있었기 때문이었다. 장애인에게 균등한 기회를 부여한다는 것만으로는 사실 충분하지 않다. 장애인들의 개별 욕구가 해결되어야만 실질적으로 사회 참여가 가능하기 때문이다. 따라서 정신적·신체적으로 겪고 있는 어려움을 보완해줄 세세하고도 적극적인 정책이 필요하다.

"

04

장애인 차별 금지 정책

장애인차별금지법의 취지

장애인차별금지법_{이하 장차법}은 모든 생활 영역에서 장애를 이유로 한 차별을 금지하고 장애를 이유로 차별받은 사람의 권익을 효과적으로 구제함으로써 장애인의 완전한 사회 참여와 평등권 실현을 통하여 인간으로서의 존엄과 가치를 구현함을 목적으로 하는 법이다.

장차법 제정 운동의 가장 큰 배경은 우리 사회에 있는 심각한 장애인 차별의 현주소에 있다. 상대적으로 육체적·사회적·경제적 약자인 장애인은 비장애인 남성 중심으로 형성된 우리 사회 구조 속에서 소외되고 차별받을 수밖에 없는 위치에 놓여 있었다.

장차법의 정식 명칭은 〈장애인차별금지 및 권리구제 등에 관한 법률〉이며, 2007년 4월 10일 제정되어 1년 후인 2008년 4월 11일부터 시행되었다. 이 법에서 금지하는 차별 행위의 사유가 되는 장애란, 신체적·정신적 손상 또는 기능상실이 장기간에 걸쳐 개인의 일상 또는 사회생활에 상당한 제약을 초래하는 상태를 말한다.

한국보건사회연구원의 실태조사에 따르면, 장애 인구는 262만 3,000명2020년 5월 기준으로 2017년에 비해 약 4만 2,000명 증가하는 등 지속적인 증가 추세를 보인다. 장애인구 중 65세 이상 노인의 비율은 49.9%로 2017년46.6%에 비해 3.3% 증가하여 고령화 경향을 보인다.

장애 인구가 점차 늘면서 장애인들의 사회 참여 욕구도 급속히 증가하여 교육권, 이동권, 정보접근권 등 각종 권리의 보장 요구와 자립생활운동의 확산 등 새로운 변화가 급속하게 진행되고 있다. 그러나 이러한 환경 변화에도 불구하고, 장애인 차별에 대하여 '없다' 고 응답한 비율은 36.5%로 2017년 20.1%, 2014년 27.4%에 비해 증가하였으나, 장애인차별금지법에 대해 '알고 있다' 로 응답한 경우는 10.5%로 2017년 13.9%에서 감소하였다.

장애인 차별이 없다는 응답은 이전에 비해 높아졌으나 여전히 지속적인 차별 예방 노력이 필요하다. 장차법 인지 비율은 다소 감소하였는데, 연령별로는 장애노인의 장차법 인지 비율이 다소 낮다는 결과가 나왔다.

장애가 차별의 이유가 되는 세상

장애인 가구 소득은 전국 가구에 비해 낮고, 저소득가구 비중이 높은 편이다. 저소득일수록 생계 및 의료지출 비중이 높은 열악한 구조를 보였다. 이들이 국가에 요구하는 사항은 소득 보장, 의료 보장, 주거 보장, 고용 보장인데, 코로나의 장기화로 인해 소득이 감소하고 고용시장이 위축되고 있어 악순환이 반복되고 있다.

장애인에 대한 차별은 생존, 노동, 교육, 소비자 생활, 공공시설 및 건축물의 이용 및 접근, 대중교통 및 교통시설의 이용 및 접근, 정보통신의 이용 및 의사소통, 여성장애인 및 모성, 형사절차, 생활시설 등 모든 일상 및 사회생활에서 발생하고 있다. 학교, 직장은 물론 장애인 시설 및 가정에서도 일상화되고 있다. 차별의 가장 큰 이유를 '비장애인의 장애인에 대한 편견'이라고 생각하는 등 우리 사회에는 아직도 장애를 사유로 한 차별이 관행적으로 지속되고 있다. 특히, 보호받아야 할 복지시설 등에서의 장애인 폭행, 감금 등의 사례가 빈번히 제기되는 등 심각한 인권 침해도 벌어지고 있다.

장애인 차별을 금지하는 각종 관련법이 시행된 지 10년이 넘었는데도, 장애인에 대한 차별은 좀처럼 개선되지 않고 있다. 한 치 앞도 생각하지 못할 정도의 힘든 삶을 살아가고 있는 장애인이 많다. 교육 현장에서, 노동 시장에서, 가정에서, 문화·체육생활에서 각종 차별에 대해

4장 복지 정책의 이중 잣대

포괄적으로 장애인 차별에 대응한다는 점에서 장차법은 의미가 있다.

그러나 장애인 개개인에게 필요한 교육을 받고 있는지 그렇지 못한지는 이 법에서 어찌할 수 없다. 일이 없는 장애인에게 노동 시장에서의 차별 문제가 무슨 상관이 있을까? 문화생활을 할 수 있는 소득이 없는 장애인에게 문화시설 이용상의 차별은 그림의 떡이다. 이 법이 제대로 작동되려면 사회 정책과 맞물려 돌아가야 한다.

장애인차별금지법 제정에 쏠린 기대

장애인차별금지법 제정에 관심이 쏠린 가장 큰 이유는, 차별을 해결하여 장애인의 사회 참여의 문을 활짝 열 수 있기 때문이었다. 장애인에게 균등한 기회를 부여한다는 것만으로는 사실 충분하지 않다. 장애인의 개별 욕구가 해결되어야만 실질적으로 사회 참여가 가능하기 때문이다. 따라서 정신적·신체적으로 겪고 있는 어려움을 보완해줄 세세하고도 적극적인 정책이 필요하다.

장애인은 사회적으로 능력이나 일상생활 전반에 대한 잘못된 인식과 장애에 대한 선입견에 의해 차별받는 경향이 많다. 이러한 사회적 차별은 사회적 관계망 및 접촉이 부족한 상태에서 장애인에 대한 잘못된 편견을 갖게 만든다. 결국, 장애인에 대한 인식 부족으로 인해 많은 장애인이 사회 참여의 균등한 기회와 평등 조건을 갖지 못하고 있다. 이런 불평등은 다시 이해의 부족을 낳게 되면서 악순환이 반복된다.

특히, 장애인이 이 사회에 먼저 요구하는 노동 문제에 대해 새로운 접근을 모색하려면 장애에 대한 관점을 재고하는 것이 필요하다. 노동 문제를 장애로 인한 개인의 노동력 감소 문제로 보느냐, 노동 시장을 포함한 사회구조의 문제로 보느냐에 따라서 정책의 방향성이 달라진다.

우리나라의 장애인 복지 정책은 장애인 복지 서비스의 확대, 특수교육의 강화, 고용 촉진 등을 통해 장애인이 가족, 이웃, 지역사회와 더불어 살아가는 사회를 구현함으로써 장애인의 완전한 사회 참여와 평등의 보장을 기본 방향으로 하고 있다. 이는 복지 정책이 추구하는 일차적인 목적이 대상 집단의 복지실현에 있다는 것을 의미한다.

그러나 그동안의 지속적인 노력에도 불구하고 우리나라의 장애인 복지 수준은 복지 선진국과 비교했을 때 많은 격차가 있으며, 급속히 증가하는 장애인의 기대 욕구를 충족하기에는 아직도 부족하다.

'무심코' 행한 언행이 주는 상처

인간은 누구나 장애를 입을 수 있다. 통계에 따르면, 선천성 장애는 10%에 불과하고, 질병이나 불의의 사고 및 재해로 인한 후천적 장애가 대다수를 차지한다. 장애인의 반대말이

'정상인'이 아니라 '비장애인'인 이유다. 그런 의미에서 인간은 누구도 예외 없이 잠재적 장애인이다.

4월 20일은 장애인의 날이다. 차별과 편견을 넘어서 얼마나 많은 공동체적 관심과 사회적 배려를 기울여왔는지 되돌아보게 하는 날이다. 많은 사람이 "외눈박이, 절름발이, 집단적 조현병, 앉은뱅이, 꿀 먹은 벙어리" 등과 같은 말을 무심코 사용한다. 모두 장애인을 비하할 의도는 조금도 없이 '무심코' 사용한 말이라고 한다. 이런 말을 사용한 사람 중에 장애인을 일부러 비하할 의도로 그렇게 말한 사람은 아무도 없을 것이다.

장애인을 비하할 의도는 없다고는 하지만, 자신도 모르는 무의식 속에 장애인에 대한 차별과 편견이 자리 잡고 있었다는 뜻이다.

"모든 종류의 차별이 사라지지 않고서는 어떤 종류의 차별도 사라지지 않는다."

차별에 관한 가장 유명한 말이다.

역사학자 킴 닐슨은 《장애의 역사》김승섭 옮김에서 차별이 만연하는 근본적인 이유를 성찰한다.

"차별은 공기와 같아서 기득권에는 아무리 눈을 떠도 보이지 않지만, 권리를 박탈당한 사람들은 삶의 모든 순간을 차별과 함께 살아간다."

철학자 마르틴 하이데거는 "언어는 존재의 집"이라는 말을 남겼다. '인간의 사상은 그가 사용하는 언어의 수준을 넘어서지 못한다'는 의

미다. 언어철학자 비트겐슈타인은 "언어는 습관의 반영"이라고 했다. 장애인 비하 발언이 끊이지 않는 이유이기도 하다.

물론 "무심코 그랬다, 그런 의도는 없었다, 잘 몰랐다"고 변명할 수는 있다. 그동안 우리 사회는 '무심코'에 너무 관대했다. 사람의 인식은 자신이 사용하는 말에서 나온다. 무의식은 우리가 내뱉은 말이 가진 의미에 지배된다. 한번 내뱉은 말은 주워담을 수 없듯이 평소에도 의식적으로 단어를 사용하면서 그 말들이 적절한지 돌아보아야 한다.

[이거 알아요?]

질병과 장애의 경계

장애인이어도 법이 인정하지 않으면 장애인이 아니기 때문에 장애인으로 등록할 수 없고, 정부의 지원이나 복지 혜택을 받을 수 없다. 질병은 치료가 될 수 있지만, 장애는 원칙적으로는 치료의 대상이 아니다. 그러나 평생 낫지 않는 만성질환이나 희귀난치성질환은 장애와 질병의 경계에 서 있다. 이 중엔 현실의 어려움 때문에 장애를 인정받기 원하는 사람들이 있다.

2021년 4월부터 장애인정기준이 확대되면서 복합부위 통증 증후군CRPS, 지체장애 유형, 백반증안면장애 유형, 기면증, 투레트 증후군정신장애 유형 등 10가지 질환이 장애 범주에 추가됐다.

그러나 HIV인체면역결핍바이러스 감염인은 장애의 범주에 속하지 않고 이 때문에 감염인들이 진료 거부 등 사회적 차별을 당하고 있음에도 장애인 혜택을 받지 못한 채 사각지대에 놓여 있다.

유엔 장애인권리협약 제1조에는 장애인을 "다양한 장벽과의 상호작용으로 완전하고 효과적인 사회 참여를 저해하는 장기간의 손상을 가진 사람"으로 정의한다. 장애를 고정적, 폐쇄적인 개념으로 규정하는 것이 아니라 점진적으로 발전하는 개념으로 보고 있다. 이를 바탕으로 홍콩, 영국, 일본 등은 HIV 감염인을 장애인으로 간주하고 있고 미국, 호주, 캐나다, 독일 등은 법해석 과정에서 HIV/AIDS 감염인을 장애인으로 인정하였다.

세상의 모든 이해관계를 법이 규정한 대로만 결정하면 법이 규정하지 않은 것들은 모든 법적 권리 및 의무에서 배제되는 일이 벌어진다. 가령, 실제는 장애인이지만 법이 인정하지 않으면 그는 장애인이 아니게 된다.

국가가 해야 할 의무와 역할은 매우 많다. 안보, 국방, 치안 유지는 물론이고 경제, 노동, 예술 문화 진흥과 교육, 산업 등 끝이 없다. 이렇게 국가는 국민을 보호하고, 개인의 기본권을 보장해야 한다. 사회보장과 사회복지의 증진을 위해 노력해야 하고, 노인과 청소년의 복지 향상 정책을 실시해야 한다. 코로나 재난 시대를 맞아 섬세한 방역 대책과 집단면역 형성을 위해 전 국민을 상대로 백신 접종도 완료해야 한다. 이러한 일 중 어느 하나라도 삐걱거리면 우리 사회는 정지되고 퇴보할 수도 있다. 이런 시각에서 당장 급하지 않은 정책은 밀려나기 일쑤다.

계단으로 가득한 건물과 지하철, 경사로가 없는 식당, 움직일 수 있는 공간이 없는 거리, 조금 느린 것을 참지 못하는 한국인의 성향, 노약자에게 청년처럼 행동하고 일하길 바라는 사회문화가 차별과 편견을 만들어왔다. 일상에서 아무런 제약 없이 자유롭게 이동하는 일반인은 자신이 인간다운 생활을 할 수 있도록 끊임없이 권리를 요구해왔다. 그로 인해 현대인의 삶은 보다 나은 방향으로 발전해가고 있다. 그러나 장애인은 일상생활에서 당연히 누려야 할 이동의 자유를 누리지 못해 지독한 불편함과 고독감을 겪어야 했다.

장애인의 70%가 한 달에 5회도 외출하지 못한다는 보건복지부의 조사 결과가 있다. 코로나로 인해 장애인은 감염보다 고립이 더 무섭다고 털어놓았다. 단순히 예산상의 이유와 긴급한 정책의 우선순위에서 밀려서 사회적 약자에 대한 배려가 없다는 사실은 매우 안타까운 일이다. 무엇보다 이제는 장애인에 대한 배려여서가 아니라 모두 함께 풀어나가야 할 사회적 책무다. 이 시대를 함께 살아가는 모든 사람이 함께 해결해야 할 문제이며, 좀 더 관심을 기울여 비용과 노력을 들인다면 충분히 극복할 수 있는 문제이기도 하다.

우리는 일상에서의 작은 불편함조차 분해하고 억울해하면서 조금도 손해 보지 않으려고 한다. 그러면서 장애에 대해서는 극복해야 할 것으로 여기고 있는 것 같다. 선천적 장애와 후천적 장애의 비율은 1:9라는 사실은 충격적이다. 장애 원인의 56%는 질병이고, 32%는 사고다. 외부로 잘 드러나지 않을 뿐, 생각보다 많은 장애인이 우리의 곁에 있다. 더불어 살아가며 더 나은 공동체를 만들기 위해 서로 노력해야 한다.

노동정책, 무엇에 주목해야 하는가?

사회가 급변하면서 점차 가족 형태와 고용 형태도 다양해지고, 개인과 기업의 요구도 다양해진다. 코로나는 결국 극복되겠지만, 이후로도 그와 같은 재난은 언제든 인류를 덮칠 것이다. 그러므로 앞으로 이를 대비할 수 있도록 노동정책에 대한 전환과 대안이 반드시 필요하다.

우리의 노동환경과 일상생활의 균형을 맞추기 위한 정부의

정책의 방향도 실질을 담보하는 쪽으로 달라져야 한다.

"

재난는 언제나 그렇듯이 경제 위기와 사회적 불평등 구조를 심화시키고 있다. 재택근무가 불가능한 서비스업의 저소득층 노동자들과 차영업자들은 경제 봉쇄와 사회적 거리두기로 큰 어려움을 겪고 있다. 반면, 고소득층은 별다른 타격을 받지 않고 있으며 기술기업들은 호황을 맞고 있다. 유동성 증가를 배경으로 부동산과 주식 시장은 연일 폭등하고 있다. 코로나 이후 경제 회복이 와빈곤, 실물과 금융, 그리고 기업들 사이의 차가 확대되는 K자 모습이 될 것이라는 전망이 현실이 되고 있다.

"

01

코로나 재난 이후 노동정책의 전환

유례없는 재난으로 우려되는 것들

코로나 재난을 보면서 느낀 점은 '재난은 평등하지 않다'는 것이다. 재난은 사회의 가장 약한 부분을 제일 먼저 무너뜨리면서 고립시킨다. 일상을 송두리째 흔들고 우리 사회의 취약한 부분들을 하나하나 건드리면서 크고 작은 문제를 발생시킨다.

사회적 위기로 인해 그동안 소외되어왔던 집단의 취약함이 드러났다. 그래서 좀 더 적극적이고 세밀한 정책이 필요하게 되었다. 우리는 이제 노동시장 정책 방향이 크게 바뀌는 갈림길에 서 있다. 과연 가능할지 의문이던 선별복지, 기본소득, 전 국민 고용보험 같은 제도들도 이제 논의가 활발해졌다. 경제의 저성장 기조, 사회의 고령화 현상 역시 노동정책 전환 과정에서 고려해야 할 필수 요소다.

돌이켜보면 코로나가 촉발한 경제 위기는 대공황에 버금가는 엄청난 충격이었다. 그러자 나라마다 신속하게 대규모 재정을 지출하여 위기를 버텨내고자 했다. 선진국들의 중앙은행은 제한 없는 양적 완화를 통해 장기 금리를 낮춰 재정 정책을 지지했고 다양한 경로를 통해 막대한 유동성을 공급하여 금융시장을 안정시켰다. 주목해야 할 점은, 재정 확장이 대세가 되었다는 점이다. 재난에 대응하는 경제 봉쇄로 사라진 소득과 일자리를 보전하려면 정부가 컨트롤타워 역할을 해야 한다는 것이다.

재난과 위기는 평등하지 않다

불황은 실업을 장기화하고 기업의 신기술 투자를 위축시켜 생산성 상승에도 악영향을 미치므로 장기적으로 경제 성장을 저해한다. 따라서 불황을 막기 위한 재정 확장이야말로 경제 성장을 촉발시키고 나아가 재정에도 바람직하다는 의견이 많다. 물론 그렇게 하려면 재정 건전성이 확보되어야 한다.

코로나 재난은 경제에 깊은 불황과 불평등의 심화라는 충격을 안겼다. 그러나 잊지 말아야 할 것은, 그것이 단지 코로나로 인한 문제만은 아니라는 점이다. 구미 선진국에서는 이미 수십 년간 경제 성장이 정체되고 금리가 하락하고 있었다. 일본은 물가까지 하락하는 오랜 디플레이션에 시달려왔다. 또한, 약화되어 가는 노동자 계층과 보수적인 정치성을 배경으로 소득과 자산의 불평등 구조가 심화되고 있었다. 글로벌 금융위기를 겪고도 이러한 흐름은 크게 변하지 않았고 민주주의는 위기에 처했다. 저성장과 불평등의 악순환은 외환위기 이후의 한국에서도 다르지 않았다. 문재인 정부는 이를 극복하고자 했지만, 기대치에는 미치지 못하고 있다.

재난과 위기는 언제나 그렇듯 평등하지 않아서, 코로나로 인한 경제위기도 불평등 구조를 심화시키고 있다. 재택근무가 불가능한 서비스업의 저소득층 노동자들과 자영업자들은 경제 봉쇄와 사회적 거리두기로 큰 어려움을 겪고 있다. 반면, 고소득층은 별다른 타격을 받지 않고 있으며 기술기업들은 호황을 맞고 있다. 유동성 증가를 배경으로 부동산과 주식 시장은 연일 폭등하고 있다. 코로나 이후 경제 회복이 부와 빈곤, 실물과 금융, 그리고 기업들 사이의 격차가 확대되는 K자 모습이 될 것이라는 전망이 현실이 되고 있다.

코로나 이후 정책 변화가 필요한 이유

한국은 세계에서 가장 빠르게 늙어가고 있다. 이대로 가면 2025년엔 65세 이상 노인 인구가 20%를 넘는 초고령사회에 진입한다. 2019년 합계 출산율은 0.92명으로 0점대를 기록한 세계 유일의 국가가 되었다. 인구 감소가 시작되고 있다. 인구망국론은 오래 전부터 나왔다. 가임 여성들의 출산 기피 현상을 비롯한 복합적인 사회 문제들로 인해 인구는 감소하고 있다. 첨단 의료 기술의 발달로 노인 인구 비율이 가파르게 증가하면서 고령화사회에서 금세 고령사회가 되더니, 이제 곧 초고령사회로 진입한다.

65세 이상의 노인 인구가 전체 인구의 7% 이상이면 고령화사회, 14% 이상이면 고령사회, 20% 이상이면 초고령사회로 본다. 우리나라는 2021년 4월 현재 노인 인구가 16.7%로 고령사회다. 2025년이면 노인 인구가 20.0%에 이르러 초고령사회가 될 것으로 보인다.

2006년 영국 옥스퍼드대학교 인구문제연구소 데이비드 콜먼David Coleman은 저출산으로 지구상에서 사라질 첫 번째 국가로 한국을 거론했다. 유엔 밀레니엄 프로젝트의 하나인 〈2020 한국미래 보고서〉는 한국이 인구 감소로 인해 2065년에는 중국 경제에 흡수 통합될 것이라고 전망했다.

나라의 적정 인구에서 중요한 것은 15~65세에 이르는 생산가능인구다. 통계청은 앞으로 10년 동안 매년 32만 명씩 생산가능인구가 감소할 것이라고 예상하고 있다. 통계는 미래를 예측하고, 정해진 미래를 우리에게 보여준다. 그러나 우리는 디지털 시대에 살면서 정보와 지식을 쉽게 습득하고 있다. 새로운 지식이 등장할수록 전에 없던 새로운 생산 기술이 개발된다. 인간의 노동과 삶에 빠르고 깊고 넓은 변화를 일으킨다. 이 변화는 기존 사회는 감당할 수 없으며, 미래를 예측하기 어렵게 만든다. 다시 말해, 새로운 지식이 생기면 생길수록 우리가 경험하지 못한 미래가 온다는 것이다. 우리는 현재, 미래를 예측하기 가장 어려운 시대에 살고 있다.

코로나를 계기로 인류는 전례 없는 일을 너무나 많이 겪고 있다. 이제 이전과 같은 삶을 살면 안 된다는 것을 깨닫고 있다. 우리는 새로운 길을 갈 때 더 이상 도로 지도를 펼쳐보지 않는다. 목적지를 입력하고 실시간 도로 상황을 알려주는 내비게이션을 따라 운전한다. 머잖아 인공지능이 인간의 패턴을 분석하여 알아서 목적지까지 운전해주는 무인자율주행 시대가 올 것이다.

사회가 급변하면 점차 가족 형태와 고용 형태도 다양해지고, 개인과 기업의 요구도 다양해진다. 코로나는 결국 극복되겠지만, 이후로도 그와 같은 재난은 언제든 인류를 덮칠 것이다. 그러므로 앞으로 이를 대비할 수 있도록 정책 전환이 필요하다. 우리의 노동 환경과 일상생활의 균형을 맞추기 위한 정부의 정책 방향도 실질을 담보하는 쪽으로 달라져야 한다.

첫째, 불평등한 소득 계층 간 갈등을 최소화하고 다양한 계층의 요구를 거시적 · 미시적 차원에서 포용하며 균형 있는 정책을 펼쳐야 한다.

둘째, 노동과 생활의 균형을 맞추고, 계층 간 격차가 해소되어야 한다. 고용 형태, 성별, 가구소득, 기업 유형 등 격차를 줄이고 선별복지를 점차 보편화할 수 있는 방향을 찾아야 한다.

셋째, 코로나19로 인한 비대면 근무 및 교육 방법이 확산되면서 일하는 방식과 문화를 바꾸고 이를 위한 인프라가 구축되어야 한다. 조직의 유연성과 인프라만이 외부로부터 오는 위기 대응 능력을 강화시킨다는 것을 코로나를 계기로 알게 되었다. 우리는 코로나로 인해 많은 것을 잃은 반면 앞으로 닥칠 위기에 대응해 사회적 기반을 마련해야 함을 절실히 깨닫게 되었다.

우리 눈앞에 닥친 과제

이번 위기를 기회로 삼아 불황과 불평등을 극복하고 모두 함께 번영하는 계기로 삼는 노력을 기울여야 한다. 윈스턴 처칠은 "위기를 낭비하지 말라"고 했다. 이번 위기도 글로벌 금융위기처럼 그냥 흘려보내지 않으려면 고삐 풀린 자본주의를 민주주의의 힘으로 이끌어주는 현명한 길을 찾아야 한다. 그것은 물론 정치를 바꾸는 시민의 행동에 달려 있다.

고난이 닥칠 때마다 우리 민족은 이를 극복하려면 공동체를 먼저 생각하는 연대감이 중요하다는 것을 보여주었다. 사실 우리 국민은 세상 어디에도 없는 잠재력을 가졌다. 어떤 위기에서도 좌절하지 않고 숱한 고난을 이겨냈다. 대한제국 시기, 일제의 경제 침탈에 맞선 국채보상운동처럼 너도나도 금을 모아 외채를 갚자는 '금 모으기 운동'에 동참

했다. 태안 기름 유출 사고 때는 온 국민이 달려와 팔을 걷어붙이고 기름 제거에 앞장서 '서해의 기적'을 낳았다. 그 덕분에, 국·내외 해양 전문가들이 원상 회복까지 20년 이상 걸린다고 예측했지만 불과 10년 만에 서해안의 생태계가 원상회복되었다.

1997년에 맞은 외환위기 극복과 국정 농단 사태로 인한 촛불 혁명 등 위기 때마다 보여준 놀라운 저력은 모두 국민에게서 나왔다. 청와대·정부·정치권의 국가경영 실패, 극심한 정경유착, 재벌그룹의 과도한 부채가 맞물려 터진 환란 사태에서 국민은 팔뚝을 걷어붙이고 허리띠를 졸라매며 앞장서서 해결했다. 이 소중한 경험과 교훈은 우리가 이번 위기를 낭비하지 않고 더 나은 노동 환경과 경제 생태계를 만들어내는 출발점이 될 것이다.

66

가난에서 벗어난 한국 사회는 노동의 신성한 가치와 정신을 잃어버렸다. 노동은 노동라는 단어로 바뀌었고, 헌법에서도 노동를 국민의 의무 중 하나로 명시한다. 근면과 성실을 강조하는 단어인 노동의 주체는 노동자가 아니라 노동을 시키는 사용자다. 노동자에게 주어진 건 의무뿐이다. 더 이상 노동의 주체성이 노동자에 있지 않다는 것이다. 노동은 공동체가 함께 살며 보상을 공유하는 개념이 아니라, 힘 있는 기업이나 사업주가 일방적으로 사용하는 행위이자 착취가 된 것이다.

99

02

노동 지원을 위한 실질적 제도 실현

엄연히 다른 개념의 '노동' 과 '노동'

'노동' 이란 단어가 언제 어디에서 유래되어 사용되었는지는 정확히 알 수 없다. 노동의 '노勞' 는 몸의 일부 또는 전체를 사용하는 것을 말하고, '동動' 은 몸의 일부 또는 전체를 움직이는 것을 말한다. 노동자나 노동자, 노동절과 노동자의 날은 법적으로나 사전적으로 별 차이가 없는데, 역사적으로 보면 차이가 있다. 한국노총은 노총 설립일인 3월 10일을 노동자의 날로 정했고, 민주노총은 국제적으로 공인된 5월 1일을 노동절로 정해 매년 행사를 열고 유급휴일로 정해 노동자가 쉬게끔 권장한다.

헌법에는 '직업의 종류와 관계없이 임금을 목적으로 사업이나 사업장에 근로를 제공하는 사람' 을 '근로자' 로 정의했다. 그런데 근로자라는 용어는 왠지 시키는 대로 부지런히 일한다는 수동적 의미가 내포돼 있다. 국제적으로나 법률 용어로는 근로자보다 노동자로 쓰는 것이 일반적이다. 따라서 근로조합이 아닌 노동조합이고, 고용근로부가 아닌 고용노동부다.

사회적 관점에서도 근로자는 고용된 사람, 노동자는 일하는 사람이다. 근로자는 부지런히 일하는 사람worker이고, 노동자는 일을 통해 생산하는 사람laborer으로, 사람이 생활에 필요한 물자를 얻기 위해 육체적 노력이나 정신적 노력을 들이는 행위다. 근로자는 주체성이 없다. 그러나 노동자는 단결권과 단체교섭권, 단체행동권을 갖는 주체적인 생산자다.

경영자의 경영행위도 노동이고, 회사원의 업무행위도 노동이다. 예술가의 창작활동도 노동이고, 농사를 짓는 행위도 노동이다.

그런데 대다수 사람들에게 노동자는 껄끄럽거나 차별적인 말로 정착된 것 같다. 전국 학생들에게 벌인 조사에 따르면, 80%가 '블루칼라 직군은 노동자, 화이트칼라 직군은 근로자' 라는 인식을 드러냈다.

그러나 노동자는 일제강점기 때 '근면성실하게 주어진 질서에 순응하며 일만 하라' 는 뜻으로 조선 민중을 강제노역에 동원한 '근로정신대' 에서 유래한 말이다.

오늘날 일본에서도 근로자라는 말을 쓰지 않는다. 그러나 우리나라는 근로자를 공식 법률 용어로 아직까지도 사용하고 있다.

오래전부터 사회운동 단체에서는 근로자를 노동자로 바꾸자는 움직임이 일고 있으니, 노동자라는 말에 담긴 뜻을 이참에 되새겨보는 것도 좋을 것 같다.

개념상으로 노동자와 사용자는 대립하는 개념처럼 생각되지만, 많은 노동자가 성장하여 사업주과 같은 사용자가 될 수 있고, 사용자도 어느 순간 노동자가 될 수 있다. 건전한 사회는 개인의 능력이 최대한 계발되어 노력한 결과를 개인이 향유하고 그에 대한 대가를 소유할 수 있는 사회다.

잃어버린 노동의 가치와 정신

과거 우리는 서로 노동을 교환하며 어려움을 함께 해결했다. 품앗이에서는 남녀노소 동등한 평가와 대가를 받았다. 인간의 노동력은 원칙적으로 대등하다는 정신에 기반을 두었기 때문이다. 우리나라는 성실하게 노동한 덕분에 더 이상 가난하지 않다. 선진국에서 원조를 받던 한국은 이제 개발도상국을 지원하는 나라가 되었다. 그런데 한국의 노동자는 여전히 가난하다. 부자가 된 것은 기업이지, 노동자가 아니다. 가난을 공유하지 않는 사회, 도대체 무엇이 문제인 걸까?

가난을 벗어난 한국 사회는 노동의 신성한 가치와 정신을 잃어버렸다. 노동은 노동라는 단어로 바뀌었고, 헌법에서도 노동를 국민의 의무 중 하나로 명시한다. 근면과 성실을 강조하는 단어인 노동의 주체는 노동자가 아니라 노동을 시키는 사용자다. 노동자에게 주어진 건 의무뿐이다. 더 이상 노동의 주체성이 노동자에 있지 않다는 것이다. 노동은 공동체가 함께 살며 보상을 공유하는 개념이 아니라, 힘 있는 기업이나 사업주가 일방적으로 사고파는 행위이자 착취가 된 것이다.

　노동자는 우리 사회에서 낮은 자리를 차지하고 있다. '직장인은 곧 월급의 노예', '근로계약서가 아닌 노예계약서'를 썼다는 등의 요즘 말은 노동계약서에 사인하자마자 언제든 일할 준비가 되어 시키는 일은 무조건 감당해야 한다는 뜻과 같다. 기업은 '열정 페이'라는 이름으로 노동을 이용한다. 대기업과 공공기관은 스펙을 이유로 강도 높은 일을 시킨다. 노동자의 노동 환경에 대한 처우 개선 없이, 많은 노동자가 보호 없이 남용되고 있다.

한국의 노동 현실

　우리나라 노동법은 모든 노동을 평등하게 보호하는 법이 아니라 특정 노동 계급의 이익을 먼저 보호한다. 노동법은 직종과 산업에 따라 노동자의 권리에 차등을 두고 있다. 정부는 2018년부터 주 52시간 근무제를 시행했다. 그러나 250만 특수고용노동자는 이 법과는 상관이 없다. 특수고용노동자가 자영업자로 분류돼, 노동기준법이 보장하는 노동기본권을 인정받지 못했는데, 기업은 법의 허점을 적극적으로 이용했다.

법과 제도가 미비한 틈을 타 정규직과 비정규직 노동자는 연대를 이루지 못하고 분리되었다. 노동시장 유연화로 파견, 용역, 도급 등 간접 고용 노동자가 생겨났지만, 이들을 보호할 제도는 없었다. 대기업의 외주를 받는 중소기업으로 이어지는 피라미드 구조를 이용해, 원청 대기업은 노동력을 싼값으로 후려치려는 횡포를 부렸다. 노동법은 사용자가 노동을 사용만 하고 책임은 회피하는 구조를 방치했다.

21세기가 지향하는 인간상은 호모 루덴스다. '유희하는 인간' 이라는 뜻의 호모 루덴스 Homo ludens**는 인간이 다른 동물과 다른 본질은 놀이하는 것이라고 보는 인간관으로, 네덜란드 역사학자 하위징어가 제창한 개념이다.**

놀면서 돈 버는 일을 즐기는 노동자를 말한다. 그러나 한국의 노동자는 노동을 즐기기는커녕 죽음을 각오해야 하는 게 현실이다. 과로로 목숨을 잃기도 하고, 안전보호 장치 없이 살해와 마찬가지인 죽임을 당하기도 한다.

노동계급의 지위를 강화해주는 제도의 실현

국가가 국민이 노동 생활에서 인간으로서의 존엄을 침해당하지 않도록 최저 노동조건을 설정하는 것은 당연한 일이다. 근로기준법 제3조는 "이 법에서 정하는 근로조건은 최저기준이므로 노동관계 당사자는 이 기준을 이유로 노동조건을 낮출 수 없다"고 규정한다. 따라서 최저기준에 미달하는 노동계약은 무효가 된다. 문제는 최저 근로조건의 수준이다. 수준을 높게 정하면 사용자에게 부담이 가고, 낮게 설정하면 애초 최저 노동조건을 설정하는 목표를 달성할 수 없게 된다.

노동계급은 노동운동 과정에서 노동법의 기념 이념 중 '평등'을 원칙으로 삼는 데 성공하였다. 각종 노동법 도처에는 평등 이념을 구현하는 내용이 존재한다. 남녀의 성별을 이유로 차별하지 않기, 국적·신앙·사회적 신분을 이유로 차별하지 않기 등이다. 평등은 차별 없이 고른 상태를 말한다.

그런데 절대적 평등이 존재하긴 하는 걸까? 사회현상에서 한 집단이 평등을 주장하며 문제를 제기할 때 대부분 무언가를 요구하고 얻기 위한 목표에 있지, 남을 돕기 위한 주장은 아닌 경우가 많다.

사회에서 개인은 고용 관계에 속한 상태에서 경제생활을 영위할 수 있다. 이러한 고용 관계에서는 사용자와 노동자 간의 갑을 관계 종속으로 인해 노동자의 열악한 노동 환경을 개선할 수 없었다. 이러한 인식은 법 개혁으로 이어졌는데, 바로 노동 삼권이다. 노동 삼권은 노동자의 단결권, 단체교섭권, 단체행동권을 말하는데, 노동자의 권리로 보장하고 있다. 이 권리를 행사하면서 국가나 제3자로부터 부당한 간섭이나 제재를 받지 않을 자유가 있으며, 경제적 약자인 노동자를 보호하기 위해 국가적인 배려를 요구할 수 있다.

우리 사회에는 다양한 유형의 노동 시장이 있으며 모든 국민이 노동하며 살아간다. 우리나라의 노동법은 '노동자의 이익 보호'라는 작은 목표에서 벗어나 국민의 모든 종류의 노동을 보호하고, 노동의 결과가 당연하게 보상받는 과정에도 관심을 기울여야 한다. 그러나 자영업자, 예술인, 대리기사, 프리랜서, 농업, 플랫폼 노동자 등은 사용자에게 종속되어 있지 않아 노동법상 보호되지 않는다.

점차 노동자의 권리가 커지는 만큼 노동법 적용 범위의 확대, 노동자에서 노동자로의 개념 전환, 노동의 가치와 개념 확대, 다양한 노동 거래 방식의 정의, 1인 노동의 자립 지원, 자영 노동의 지원 등 노동법의 취지를 돌이켜 근본적인 고민이 다각도로 필요한 시점이다.

우리나라는 어린이집, 유치원, 초·중·고등학교 교육을 국가가 모두 통제하고 있다. 심지어 회사도 직장 내 성희롱 예방교육, 안전보건 교육, 장애인 인식개선 교육, 개인정보 보호법 교육 등에 이르기까지 교육기관이 아님에도 작업에 필요한 안전교육 이외에 각종 교육을 할 의무를 부담시키고 있다. 이러한 독점교육 방식은 획일적으로 양산된 비슷한 종류의 생각과 노동력을 생산해냄으로써 노동의 수요와 공급에 갈등을 일으키고, 산업에 필요한 적절한 인력을 공급하지 못하게 된다. 노동이 공급되는 분야가 공무원이나 대기업과 같은 특정 부문에 치우침으로써 특정 부문에만 취업 전쟁이 일어나는 결과를 초래한다.

"

노동 구조의 변화로 일자리가 오히려 축소되는 현실에서 모두를 위한 일자리가 과연 있을지 걱정이 앞선다. 문제는 이러한 걱정이 저임금 저숙련 노동자뿐 아니라 고임금 전문직 고숙련 노동자에게도 번지고 있다는 데 있다. 직업세계와 노동시장의 변화는 이제 막을 수 없는 추세다. 일자리는 점점 자동화에 직면하고 있으며, 향후 십여 년에 걸쳐 급속한 변화가 닥칠 것이다. 과거 일자리가 사라지고 있기도 하지만, 고도로 디지털 집약적인부문에서 산업이 창출되면서 전혀 새로운 형태의 직업도 속속 생겨나고 있다.

"

03

모두를 위한 일자리 혁명이 필요하다

노동환경은 변화되어야 한다

코로나가 초래한 재난은 노동시장을 전 세계적으로 붕괴시켰다. 수백만, 아니 수천만 명이 일자리를 잃거나 시간제 단기 임시 노동자로 전락했다. 남은 사람들은 재택근무와 비대면 근무 교육에 빠르게 적응해야 했다.

맥킨지 글로벌 연구소는 〈코로나 이후의 미래 일자리〉 리포트에서 저임금 직업의 쇠퇴와 고임금의 성장 집중을 고려할 때, 앞으로 몇 년 동안 필요한 규모와 유형에서의 인력 전환이 쉽지 않을 것으로 보았다.

코로나 재난 기간 동안 의료, 개인 진료, 현장 고객 서비스, 레저 및 여행 등 신체 근접 점수가 가장 높은 영역에서 가장 많은 수요 감소가 있었다. 2030년까지 주요 8개 나라의 1억 명의 노동자는 다른 직업을 찾아야 할 것으로 예상되었다. 기존 일자리가 사라지고 새로운 일자리로 전환이 필요하다는 것은 결국 직업 변경과 다른 기술의 습득이 필요하다는 것을 의미한다.

포스트코로나 시대에 사라질 일자리는 현장 고객 서비스 부문소매점, 은행, 우체국 등, 레저 및 여행 부문레저, 여행, 호텔, 레스토랑, 공항, 유흥업 등, 컴퓨터 기반 사무 부문병원, 법원, 사무실 등 관리 업무 등이다.

일자리 세계의 변화

일자리는 인구학적 측면에서도 봐야 한다. 우리나라는 노년층이 차지하는 비율이 빠르게 증가하고 있다. 이러한 인구 구조의 변화는 노동 시장에도 영향력을 미친다. 노동력이 감소하면 숙련된 노동력의 부족을 막기 위해 일자리의 수요와 공급 간의 불균형을 해소해야 할 필요가 있다. 숙련된 노동력 수요를 맞추기 위해서는 국민의 직업 능력 수준을 향상시키는 것이 매우 중요하다. 특히, 여성 노동 인구 비율이 증가하고 맞벌이 가구가 급증하면서 양성평등 인식 수준도 높아지고, 가사도 남녀 구별 없이 함께 하는 경우가 늘었다.

직업 세계에도 변화가 일었다. 코로나로 인한 생활의 변화 등으로 인해 직업 세계와 노동 시장은 크게 변화하고 있다. 세계는 지금 디지털 경제로 전례 없는 속도로 변화하고 있다. 정치, 경제, 사회, 문화 등에 있어 모든 인식과 관념, 문화와 가치관 등이 변하면서 이동하고 있다. 과거에 전혀 경험하지 못한 그야말로 새로운 질서를 다시 짜는 총체적 틀로 짜이고 있다. 그 중 가장 충격을 주고 있는 것이 노동인구 구조의 변화로 인한 노동력의 변화다. 지금 세계 각국이 공통으로 직면한 문제이기도 하고, 새로운 길로 나가는 길이기도 하다. 디지털 플랫폼이 코로나로 인해 거대한 공룡기업이 되면서 경제와 산업이 변하고, 빅데이터와 개인정보 보호, 인간과 기계의 관계, 노동시간과 장소의 유연성 등에서 노동 시장에서 많은 이슈와 갈등, 기회가 생기고 있다.

디지털화는 일자리의 감소와 증가를 동시에 가져왔다. 디지털화는 단순 반복적인 업무를 자동화하면서 관련 일자리를 축소함과 동시에 효율적인 업무 속도를 낼 수 있게 한다. 그렇다고 개별 업무의 자동화가 전체 업무의 자동화로 이어질 가능성은 아직 높지 않다. 자동화에 대해서는 법적, 사회 경제적 제약이 존재하고, 일자리의 소멸 가능성과 함께 고용 및 임금 양극화로 인해 불평등의 심화를 초래할 수 있다. 노동 구조가 변화하면서 일자리 축소 및 감소가 예상되는 노동자에게는 새로운 기회를 제공하고 적응력을 높이기 위한 교육이 필요하다.

모두를 위한 일자리 확보

일자리를 갖기 위해 노동 시장에 뛰어든다는 것은 단지 생계를 위해서만이 아니다. 직업과 노동은 사회적 인간이 자신의 정체성, 자존감, 사회적 인정과 관계를 구성하게 하고 그로 인해 개인 삶과 역사를 만들어낸다. 인간은 사회적 동물로 사회에 속한 구성원이 각자 일자리에서 적정한 임금을 받는 것은 매우 중요하다. 그러나 디지털 기술과 데이터는 변혁을 유발한다. 사람, 회사, 정부는 이전과는 전혀 다른 방식으로 삶을 영위하고 있다. 상호 교류하고, 업무를 처리하고, 생산에 종사하는 이러한 변화는 더욱더 빠르게 가속화되고 있다. 세계화, 디지털화, 자동화에 이어 무인화 등의 영향으로 직업 구조가 재구성되고 있다.

노동 구조의 변화로 일자리가 오히려 축소되는 현실에서 모두를 위한 일자리가 과연 있을지 걱정이 앞선다. 문제는 이러한 걱정이 저임금 저숙련 노동자뿐 아니라 고임금 전문직 고숙련 노동자에게도 번지고 있다는 데 있다. 직업 세계와 노동시장의 변화는 이제 막을 수 없는 추세다. 일자리는 점점 자동화에 직면하고 있으며, 향후 십여 년에 걸쳐 급속한 변화가 닥칠 것이다. 과거 일자리가 사라지고 있기도 하지만, 고도로 디지털 집약적인 부문에서 산업이 창출되면서 전혀 새로운 형태의 직업도 속속 생겨나고 있다.

모두를 위한 좋은 일자리를 확보하기 위해서는, 4차 산업혁명 시대를 준비하기 위한 디지털 대규모 교육이 필요하다는 점을 인식해야 한다. 정책은 새로운 일자리의 가능성을 파악하여 공정하고 성공적으로 전환해 갈 수 있도록 촉진시켜야 한다. 직업 이동성 사이의 균형을 찾으며 기존 일자리에서 발생하는 변화에 대비하여 일자리의 안정성을 확보해야 한다.

노동시장의 이중적인 구조, 불평등 및 양극화, 청년 실업, 취약한 산업 생태계, 대립적 노사 관계와 일터 문화 등의 문제를 해결하면서 동시에 새로운 혁신을 창출하여 경쟁력을 강화하면서도 사회구성원 모두에게 공동의 이익을 이루어내기 위해 디지털 전환을 적극적으로 활용하는 것이 중요한 과제다. 디지털 전환은 긍정적인 영향과 부정적인 영향을 동시에 가져올 수 있어 위기인 동시에 기회가 되기도 한다.

디지털화로 성공적으로 전환되려면 노사 간의 협력과 이해관계에 따라 달라질 수 있다. 이때 갈등으로 혁신이 지체될수록 새롭게 형성되는 기술시장에서 주도권을 해외 기업에 빼앗길 수도 있고, 기선을 뺏겨 시장에서 도태될 위험성이 커진다.

최상의 결과는 국내 산업이 정부의 지원 아래 노사 간 소통과 협업으로 성장 잠재력을 최대로 높여 디지털 전환으로의 역량을 키우는 것이다. 노사 이해관계 갈등으로 혁신이 지체될수록 새롭게 형성되는 글로벌 시장에서 시장 주도권을 해외 기업에 뺏길 위험도 상당하다. 최상의 시나리오는 국내 산업이 디지털 전환 역량을 축적하여 성장 잠재력을 최대로 높이고 성장의 결실을 국민 모두와 공유하는 선순환을 이루는 것이다.

"

더욱 촘촘한 사회안전망을 구축하려면 막대한 재정 투입이 불가피하고 건강한 체질의 경제가 이를 탄탄하게 뒷받침해야 한다. 대다수 국내외 전문가들은 한국의 국가경쟁력에서 가장 큰 취약점은 경직된 노동시장에 있다고 지적한다. 특히, 재벌이 경제를 독식하는 우리나라에서는 노사가 사회적 대타협을 이루기가 매우 힘들다. 따라서 새로운 사회안전망을 구축하려면 노동시장의 경직성을 해소하기 위한 근본적인 대책이 필요하다.

"

04

노동정책과 사회안전망 구축

빈곤에 대비한 최후의 보루

사회안전망은 빈곤에 대한 최후의 보루다. 생활 유지를 위한 수단이 없는 사회구성원이 자력만으로는 생활을 유지할 수 없는 경우 의존할 수밖에 없는 사회적 장치, 즉 최종적인 의존처다. 국가나 지방정부와 같은 정책 주체의 관점에서 볼 때 자력만으로는 생활을 유지할 수 없는 상태에 놓인 사회구성원을 정상적인 노동 및 사회활동이 가능할 때까지 최소한의 생활 유지가 가능하도록 해주기 위해 준비하고 보유하는 수단을 의미한다.

더구나 시기가 시기인 만큼 코로나 차원에서 사회안전망 구축의 중요성이 강조되고 있다. 스스로 움직이는 경제 순환 논리를 극대화하는 시장주의라는 최적의 시스템에서, 국민 개개인이 스스로 생존을 위해 대책을 찾아갈 수 있도록 돕는 힘을 가진다. 정부 입장에서 시장 관리는 이러한 시장의 성질에 기반을 두고 있고, 사회안전망 구축은 기반

위에서 핵심이 되어 작용한다. 건강한 사회안전망은 국민에게 생활에 대한 불안감을 없애주면서 새로이 경제활동을 하는 데 자신감을 심어준다. 이로 인해 국민 경제가 원활하게 돌아가고, 결국 역동적인 국민을 만드는 데 기여한다.

사회안전망은 기초생활을 보장하는 차원에서 노령, 질병, 실업, 산재, 빈곤 등을 보조하기 위하여 사회보장제도와 함께 정부나 공공부문에서 주고 제공한다. 대표적인 사회안전망은 국민연금, 건강보험, 고용보험, 산재보험 등 4대 보험으로 주로 금전적인 지원이 대부분이다.

그러나 사회 구조가 변화하고 각종 기술이 개발되는 등 신산업이 날로 성장해가면서 전통적인 사회안전망으로 보호할 수 없는 사각지대 취약계층이 날로 늘고 있다. 그 대표적인 예가 플랫폼 산업이다. 기존 산업에서는 고용주와 피고용인을 특정할 수 있어서 사회보험의 사업주와 노동자를 위한 특정한 보험 가입이 가능했다. 그러나 최근에는 노동 구조의 변화로 노동자 지위가 모호해지고, 고용주가 하나가 아닌 둘 이상이 생기는 등 다양한 양상이 생김에 따라 이전과는 다른 양상의 제도 구축이 요구되고 있다.

이에 따라 정부가 일일이 찾아내서 지원하는 데는 한계가 생긴다. 제도로 개선하자니 사회 현상이 급변하고 있어 속도를 따라가기 역부족이다. 이럴 때일수록 지방정부의 역할이 부각되고 있다. 제도적으로 현실에 맞지 않는 지원 규모나 행정상 오류가 적지 않게 발생함에 따라 불평불만과 민원이 끊이지 않고 있다. 정부의 사회안전망이 절실하게 도움이 필요한 사회적 약자에게 적절하게 지원되고 있는지 다시 살펴볼 필요가 있다.

그 많던 복지예산은 다 어디로

사회에서 안전망 구축은 복지 정책에 있어 최우선으로 실현해야 할 과제다. 복지를 위해 증세가 필요하다는 말도 필요 없을 정도로 0순위가 되어야 한다. 정권교체 5개년 국가예산편성계획과 예산을 효율적으로 운영하기만 해도 달성할 수 있는 정책이다. 우리나라의 경제 규모가 충분히 가능하도록 기반을 만들었기 때문이다.

현 정부는 이명박 정권이 4대강 사업에 22조 원의 예산을 낭비했다고 끊임없이 비판해왔다. 반면, 현 정부가 추진하는 '생활 SOC' 사업에는 175조 원을 쏟아 붓고 있다. 국가균형발전과 일자리 창출이 목적이라지만 그 예산 집행의 속을 들여다보면 비효율과 낭비 요소 범벅인데다가 그 여파로 부동산값 폭등과 청년 실업률 급증을 초래했다. 탁상행정의 표본을 보여주는 정책 집행이다.

생활 SOC란 '사회간접자본'으로, 공간·개발 중심의 대규모 SOC와는 다른 개념이다. 국민 생활 편익 증진 시설상하수도·가스·전기 등 기초

인프라, 문화 · 체육 · 보육 · 의료 · 복지 · 공원시설 등 및 삶의 기본 전제가 되는 안전시설 등을 말한다.

게다가 4차 산업혁명 시대를 맞아 기술혁신에 따른 많은 이점에도 불구하고 빈부 격차가 확대되고 고용이 불안정해지고 있다. 이는 우리나라뿐 아니라 모든 선진국이 공통으로 겪고 있는 사회 문제다. 코로나19 사태는 불안정한 노동자의 삶을 더 궁핍하고 빈곤하게 만들었으며, 양극화의 골을 더욱 깊이 파내고 있다. 이 과정에서 평생 직장과 완전 고용을 전제로 설계된 기존 사회안전망은 문제점이 발생하고 있어 새로 짜야 한다는 의견이 꾸준히 제기되고 있다.

사회안전망은 선제적 경제정책의 핵심으로 구축해야 한다. 우리나라는 저출산, 초고령 사회로의 진입, 청년과 전체 실업률의 증가, 실질 퇴직 연령과 국민연금 수령 가능 연령 사이의 차이로 인한 생활 불안정의 증가, 독거노인 급증 및 노인 계층의 빈곤화 등 불안전한 요인들이 증가하는 추세다. 또한, 노동 시장 구조의 변화로 노동 현장의 자동화 및 첨단화에 따른 인력 축소로 인해 장래 닥칠 실업 대란은 상상을 초월한 수치가 나올 수도 있다.

정부는 다양한 형태의 일자리가 속출함에 따라 연계된 일자리를 끊임없는 연구로 창출할 수 있어야 한다. 산업 생태계는 지금 이 시각에도 급변하고 있다. 생산 현장에서 창출되는 일자리는 한계에 도달했다고 봐야 한다. 이제 새로운 형태의 일자리를 만들어야 하는데, 앞으로 어떤 형태가 나올지 예측하기에는 막연한 것이 사실이다. 급변하는 산업 구조를 탁상행정이 따라가지 못하고 있으며, 거시적인 관점에서는 정책을 수립하는 데 한계가 있다. 결국 막연한 미래의 뒤꽁무니를 바라보며 상황에 쫓겨 벌어지는 문제를 수습하기에만 급급해하는 수준에 머물 수밖에 없게 된 것이다.

튼튼하고 촘촘한 그물망 구축 필요

더욱 촘촘한 사회안전망을 구축하려면 막대한 재정 투입이 불가피하고 건강한 체질의 경제가 이를 탄탄하게 뒷받침해야 한다. 대다수 국내외 전문가들은 한국의 국가경쟁력에서 가장 큰 취약점은 경직된 노동시장에 있다고 지적한다. 특히, 재벌이 경제를 독식하는 우리나라에서는 노사가 사회적 대타협을 이루기가 매우 힘들다. 따라서 새로운 사회안전망을 구축하려면 노동시장의 경직성을 해소하기 위한 근본적인 대책이 필요하다.

덴마크 등 북유럽 국가들은 경제발전과 빈부 격차를 동시에 해결한 비법으로 유연 안정성 정책을 펼쳐 유연한 노동시장과 튼튼한 사회안전망을 구축했다. 특히, 독일은 하르츠 개혁으로 해고 규제를 완화하고, 실업급여를 줄였다. 대신 시간제 일자리는 크게 늘렸다. 노사 간 협력관계 구축과 노동시장 유연성 제고 등의 개혁을 이뤄내 국내 투자와 고용을 늘리는 데 성공했고, 이제는 유럽 최강의 경제대국으로 우뚝 섰다.

하르츠 개혁의 핵심은 노동 유연화에 있었다. 노동 유연화는 노동시장이 경제 여건에 대응할 수 있도록 임금, 고용 정책, 노동시간 등에 변화를 주는 것을 말한다. 기업이 필요로 하는 만큼 인원을 늘리거나 줄이고, 파견 노동 등으로 고용을 조절하였다. 성과를 바탕으로 임금을 달리 주는 방식도 채택했다.

옛말에 '가난 구제는 나라님도 못 한다' 고 했다. 사회안전망을 구축하는 이유가 단기적으로 가난 구제에만 목적을 둔다면, 궁극적인 목적 달성에는 부족함이 있다. 현재 빈곤에서 벗어나고 어려움을 극복하는 동시에, 내일을 살아갈 동기와 미래에 대한 꿈과 희망이 있어야 사람은 살아갈 수 있다. 자립할 수 있는 환경을 만들어주고 기회를 제공해주는 것, 그것이야말로 궁극적인 사회안전망의 존재 이유라고 할 수 있다.

정부의 사회안전망이
절실하게 도움이 필요한
사회적 약자에게 적절하게
지원되고 있는지
다시 살펴볼 필요가 있다.

"

학교에서는 학습만 하고, 직장에서는 일만 하는 이원적 인식이 그동안 우리 사회를 지배했다면, 이제는 통합이 필요하다. 학교와 노동자, 기업과 정부, 지방자치단체, 교육 및 훈련기관 등의 협력적인 파트너십에 기초하여 정부 주도 중심의 교육 체계에서 벗어나 경제 주체 및 민간 주도 간 상호 협력하는 체계를 구축해야 한다.

"

노동의 미래와 훈련 체계 시행

전환의 시대

세계경제포럼의 창립자 클라우스 슈밥은 1차 산업혁명을 증기기관의 발명과 함께 제조업에서 기계화로 생산성이 획기적으로 향상된 변화로 보았다. 2차 산업혁명은 전기를 산업에 활용하면서 본격적인 대량생산이 촉발된 변화였다. 3차 산업혁명은 전자기술과 정보기술을 바탕으로 디지털화가 이룩한 변화라고 했다. 그리고 눈앞에 다가온 4차 산업혁명은 지능 정보화 시대가 될 것으로 예상했다.

우리는 지금 4차 산업혁명의 변혁이 소용돌이치는 전환의 시대에 살고 있다. 21세기가 시작된 지 20년도 안 되어 지식사회를 넘어 스마트 시대로 접어들었고, 이제 코로나로 인해 또 다른 변화가 진행 중이다. 지난 우리 사회는 개발과 부흥, 양적 성장을 위한 급격한 산업화 시대였으며, 정치적 권위주의 시대이기도 했다. 지능 정보화 4차 산업혁명 시대에서는 경제의 질적 성숙과 정치적 민주주의 시대로의 전환이 필요하다.

이러한 전환의 시대에서는 시대에 어울리는 변혁이 요구된다. 법과 제도, 정치와 경제, 국가발전계획과 정책, 문화와 의식을 혁신해야 한다. 그 중심에는 노동이 있다. 인적자원으로서의 사람과 지식을 국가와 기업 경쟁력으로 삼아 노동의 새로운 질서를 형성하고 다가오는 노동의 미래 수요를 예측하여 새로운 노동 질서를 모색해야 한다.

새로운 산업 구조는 형성에서 완성되기까지 많은 시간이 소요되는데 그 과정에서 많은 문제가 발생한다. 따라서 변화하는 노동환경에서는 사후에 반응하여 문제 해결에 급급해하는 것보다 사전에 예방 조치를 모색할 수 있어야 한다. 가장 기본이자 중요한 것은 노동환경을 모색할 때는 노사만이 아니라 노동 전문가, 소비자 등 이해관계자들이 한자리에 모여 노동의 미래를 논의하고 모색하는 장을 만들 필요가 있다는 점이다. 정부에서 시민 사회로 정책 결정의 권한을 이동하여 수직적인 통치의 관점이 아니라 수평적인 협력의 관점으로 전환해야 한다. 이제는 일방적으로 이끄는 시대가 아니다. 이해와 협력, 양보와 합의만이 갈등을 혁신으로 전환할 수 있다.

교육 및 훈련에 대한 아낌없는 장기 투자

어떠한 사회든 그 구성원이

적절한 지식과 지능을 갖지 않으면 글로벌 노동 시장에서 성공할 수 없다. 지능 기반 데이터는 시장에서 경쟁력을 갖도록 하고, 개인과 사회 발전에 서도 중요하다. 훈련 체계가 잘 잡힌 시스템에서는 노동 시장에서 노동자에게 많은 기회를 제공함으로써 불평등한 노동 구조를 극복할 수 있도록 돕는다.

정보가 재산이 되는 디지털 기반 스마트 경제로의 이행은 직업생활에서 생애 전 기간에 걸친 능력 계발을 요구한다. 평생학습의 관점에서 볼 때 교육과 훈련의 경계는 이제 모호해졌다. 직업 교육과 훈련 간의 상호 협력 및 보완 관계는 이제 학교에서부터 시작되어야 한다. 일과 학습 세계의 통합이 필요하다.

학교에서는 학습만 하고, 직장에서는 일만 하는 이원적 인식이 그동안 우리 사회를 지배했다면, 이제는 통합이 필요하다. 학교와 노동자, 기업과 정부, 지방자치단체, 교육 및 훈련기관 등의 협력적인 파트너십에 기초하여 정부 주도 중심의 교육체계에서 벗어나 경제 주체 및 민간 주도 간 상호 협력하는 체계를 구축해야 한다.

경제 주체인 민간 기업은 정부나 개인보다 정보 획득 면에서 우위에 있다는 장점이 있다. 교육 훈련 체계를 수립하고 집행하여 평가하는 과정에서 민간의 참여를 확대하면 비용이 낭비될 수 있는 부실 훈련이나 불필요한 과도한 교육을 방지할 수 있다. 무엇보다 지속적으로 변화하는 산업사회에서 신속하게 변화에 대응할 수 있고, 적합한 기술을 적절하게 제공할 수 있다는 점에서 교육 훈련의 질이 높아진다.

4차 산업혁명 시대에는 기술 혁신을 위한 교육과 개발 연구, 기업 산업체로 적용하는 훈련이 하나로 연계되고 통합될수록 경쟁력을 갖고 성공할 수 있다. 지식 정보화 시대에서는 교육과 훈련이 주는 역할이 매우 크다. 보유한 지식에 따라 능력과 임금에서 격차가 벌어지는데, 이러한 격차는 노동 시장에서 불평등의 주요 원인으로 꼽힌다. 평생학습 기회를 놓치면 실업과 저임금 노동자로 전락할 수 있다.

따라서 훈련은 사전 예방적이고, 장기적인 성격을 지녀야 한다. 지식 기반 시장은 빠르게 변하고 있는데, 이러한 수요 변화에 대처하는 속도는 지나치게 느린 편이다. 지식 습득에 소홀히 하거나 기회를 차단할 경우 사회적 불평등이 일어나게 된다. 특히 취약계층에 대해서는 학습 기회를 최대한 보장해주어야 한다. 전 국민이 지식 정보에 쉽게 접근하여 확산하고 활용하는 데 있어 이를 촉진하는 적극적인 인력 개발 정책 도입이 시급하다.

학교와 노동자, 기업과 정부,
지방자치단체, 교육 및 훈련기관
등의 협력적인 파트너십에
기초하여 정부 주도 중심의
교육체계에서 벗어나
경제 주체 및 민간 주도 간 상호
협력하는 체계를 구축해야 한다.

"

우리나라 노동 문화에는 우리만의 특성이 있다. 우리가 아랍이나 유럽의 나라들을 볼 때 그 나라들만의 특성이 보이듯, 한국에서 나고 자라 당연한 것으로 받아들여서 그지 우리나라에만 통용되는 특이한 노동 문화가 있다. 유교의 가부장적인 권위주의에 입각한 서열 문화, 실적 중시의 관료주의, 전관예우 같은 것들이 그렇다. 이런 문화를 배경으로 노동 인권이 당연한 듯 무시되고 있다.

"

06

개인이 존중받는 노동 문화를 위해

노동시간은 최상위권, 행복지수는 최하위권

우리나라 노동 문화에
는 우리만의 특성이 있다. 우리가 아랍이나 유럽의 나라들을 볼 때 그
나라들만의 특성이 보이듯, 한국에서 나고 자라 당연한 것으로 받아들
여서 그렇지 우리나라에만 통용되는 특이한 노동문화가 있다. 유교의
가부장적인 권위주의에 입각한 서열 문화, 실적 중시의 관료주의, 전
관예우 같은 것들이 그렇다. 이런 문화를 배경으로 노동 인권이 당연
한 듯 무시되고 있다.

우리는 개인보다 집단을 중시한다. 초등 교육과정에서부터 개인의
의사표현과 주장보다는 단체의 생각에 얼마나 동의하고 어떻게 단체
속에서 하나가 되는지를 배우기 때문에 지기도 모르게 집단의식에 물
든다. 그런 집단의식이 엄연히 법에서 규정하고 권고하는데도 노동자
개개인에 대한 기본적인 존중도 없이 하대하고 무시하는 문화, 약자에

대한 폭력, 노동법과 노동계약을 아무렇지도 않게 어기는 관행을 낳는다. 심각한 문제는 노동법을 지키지 않고도 관행이 그렇다며 노동자를 노예 부리듯 함부로 대하는 문화가 만연하여 이에 대해 경각심이나 죄의식을 갖지 않는다는 데 있다.

"세계 10위 경제대국 한국, 국민 삶의 만족도는 OECD 최하위권!"

KDI의 보고서 〈이제는 삶의 질이다〉에 실린 머리글이다. 2018년부터 2020년까지 평균값으로 계산한 국가행복지수에서 한국은 10점 만점에 5.85점으로 37개 OECD 회원국 가운데 35위를 기록했다. 순위가 가장 높은 나라는 핀란드7.84점이며 덴마크7.62점, 스위스7.57점가 뒤를 이었다. 미국은 6.95점으로 18위, 일본은 5.94점으로 33위였다. 한국보다 행복지수가 낮은 나라는 그리스5.72점, 터키4.95점였다.

국가행복지수는 유엔 산하 자문기구인 지속가능발전해법네트워크SDSN가 국가별 국내총생산GDP과 사회적 지지사회자본, 기대수명, 삶에서의 선택의 자유, 관용, 부패 인식을 바탕으로 평가한 것이다.

행복지수 외에도 보고서에 인용된 OECD 통계를 보면 우리 국민의 삶은 여전히 퍽퍽하다. 2019년 현재 한국의 연간 노동시간은 1,967시간으로 멕시코 2,137시간에 이어 두 번째로 많았다. OECD 국가 연평균 노동시간은 1,726시간이었다. 한국 노동자가 OECD 회원국 노동자보다 한 해 241시간을 더 일하는 셈이다. 미국은 1,779시간, 일본은 1,644시간이었다.

우리나라에 도입하면 좋을 외국의 노동 문화

우리의 삶 대부분을 차지하는 직장생활과 일 그리고 휴식 사이에서 균형을 맞추며 살아가는 것은 모든 노동자에게 있어 굉장히 중요한 부분이다. 언제나 건강과 일은 인생의 주요 화두이며, 이를 나타내듯 많은 사람 '워라밸'을 외치고 있다. 워라밸은 'Work and Life balance'의 줄임말로 일과 삶이 조화롭게 균형을 유지하고 있는 상태를 의미한다.

워라밸의 대표적인 나라로는 일과 건강을 챙기며 여유 있는 삶을 사는 독일이 있다. 코로나에 걸려 열이 나거나 증상이 있을 경우, 우리나라도 휴식을 취할 것을 권고하지만, 여전히 아파도 참으면서 일하는 경우가 많다. 그러나 독일은 바이러스를 몸에 지니고 출근하는 것을 상당한 실례로 보기 때문에 몸이 아프면 무조건 병가를 내고 쉬는 것이 당연시되어 있다. 노동법에 따라 1년에 6주까지 급여 100%를 받는 병가가 보장되고 이 병가는 일반 연차에서 차감할 수 없다.

독일은 OECD 국가 중에서 연간 근무 시간이 가장 적은 나라로, 하루 10시간 이상 근무를 금지할 정도로 일과 개인 시간에 관한 규정이 엄격하다. 독일의 평균 근무 시간은 일주일에 26시간 정도로 저녁 5시엔 거의 퇴근하고, 저녁 6시쯤이면 모든 상점이 거의 문을 닫는다. 1967년부터 주 40시간 근무제를 도입하였고, 1990년대에 '노동 시간 저축계좌' 제도를 도입해 연장 노동에 대한 보상을 임금이 아닌 휴가로 보상하며, 여름휴가는 한 달 가까이 된다.

독일의 노동 문화는 무리하면서까지 열심히 일하는 사람을 조급한 사람, 신뢰할 수 없는 사람이라는 분위기가 조성되었기 때문에, 휴가와 휴식을 통해 재충전한 에너지로 직장에서 활력 있게 일하기를 권장한다.

일본은 초고령사회에 대비하여 '1억 총활약 사회' 실현을 정책으로 내세워 50년 후에도 1억 인구를 유지하여 직장과 가정에서 누구나 활약하는 사회를 꿈꾼다. 고령자 취업을 촉진하거나, 정규직과 비정규직이 하는 일이 같다면 같은 임금을 준다든지, 장시간 노동 문제를 해소하고 월 50시간을 넘길 경우 시간외 임금 할증률을 50%로 올리도록 노동법을 개정했다.

전 세계에서 가장 행복한 나라 1위인 핀란드는 직장 내 갑질이나 남녀 차별이 없는 수평적인 노동 문화로 유명하다. 개인의 사생활과 업무를 분리하고 퇴근 후 여가를 보장하며 노동자 개인의 삶에 맞는 복지나 노동 문화를 조성하고 있다. 이미 1972년 사회 전반적으로 차별을 줄일 수 있도록 평등위원회를 설치하고, 1987년에는 남녀평등법을 제정하였으며, 직장 내 평등한 문화를 정착시키기 위해 종업원 30명이상의 직장은 평등 증진을 위한 인사, 훈련 계획을 수립하여 시행해야 할 만큼 규정이 엄격하다.

스웨덴은 맞벌이 부부에게 천국과 같은 곳이다. 출산하면 부모 공동으로 유급휴가 480일이 주어지며, 부모에게 각자 90일이 의무로 할당된다. 아빠가 무조건 사용해야 하는 육아휴직이 90일이다.

노동 문화를 어떻게 조성하면 좋을까

노동 문화 환경은 노동자의 역량을 최대한 발휘하는 데 우선 목표가 있다. 선진국의 사례들을 보듯이, 일과 휴식 사이에서의 균형은 양적 성장보다 질적 성장에 더 우선을 둔 노동 환경에 있다. 독일이나 일본도 고령화로 인해 한정된 인적자원을 가진 나라이기 때문에 노동력을 대거 투입하기가 불가능하다. 노동력 위주의 양적 경쟁으로는 국가 경쟁력에서 살아남을 수가 없음을 깨달은 것이다.

휴가와 휴식이 많은 선진국의 사례가 부럽다고 무작정 따라하기에는 그간의 역사와 문화가 다르다. 그러나 공통적으로 수렴되는 고령화된 인력 문제의 해결과 디지털 기술 발달에 따른 노동 역량을 제고해야 한다는 점에서 보았을 때, 한국의 노동 문화에는 혁신이 필요하다.

우리나라는 독일과 유사한 경제 규모를 운영하고 있지만, 독일처럼 현장 중심 노사 간 협력점이 취약하다. 노동자의 역량과 창의성을 최대한 발휘하기 위해서라도 노동자의 적극적인 의사 표출과 의사 결정에 있어 참여도가 높은 노동 문화 조성이 필요한 이유가 여기에 있다.

격변하는 세상에서 차별화된 가치를 창조하고 변화하는 환경에 적응할 수 있는 원천은 노동력에 있다. 유연한 노동시간으로 최소한의 노동력 투입 시간으로 최대한의 생산성을 끌어올릴 수 있는 기지가 필요하다. 그러려면 일과 휴식 사이에서 균형을 잡기 위해 과도한 장시간 노동시간을 줄일 필요가 있다. 평생학습이 가능하도록 조직 내에 다양한 메뉴를 수립하고 일과 학습 간의 교차를 위한 조직 내 시간 관리 기술이 필요하다.

물론, 이를 해결하기 위해서는 수많은 법과 제도, 문화와 인식 개선이 필요하다. 이러한 난제들은 사업 규모, 사업 형태 등에 따라 다른 특징을 가지는 경우가 많으므로 적절한 정부의 개별화된 정책 지원이 필요하다. 이제는 수직적 지시와 통제가 아닌 수평적 의사결정 과정에서의 공동 참여, 창의적이고 지식 기반으로 일할 수 있는 유연성 있는 노동 문화를 조성해 나갈 필요가 있다.

일터혁신 정책이 미치는 영향

오늘날 누구나 다니고 싶어 하는 꿈의 직장의 대부분은 인적 자원을 중시하는 기업들이다. 빠른 기술 변화에 즉각 대응하고 비슷한 경영 조건에서도 차별화된 부가가치를 창출해 낼 수 있는 힘은 인적 자원에 있다. 기업의 존속과 노동자의 고용안정성을 동시에 제고하려면 경제적 가치를 꾸준히 창출해야 한다.

일터를 혁신하면서 고용을 유지하기 위해서는 먼저, 조직의 혁신이 필요하다. 단지 생산성을 올리기 위해서라면 자동화를 추진하면 된다. 그러나 노동자가 로봇에게 일자리를 뺏기지 않고, 기계보다 더 가치 있는 노동을 하기 위해서는 일터를 혁신하기 위한 문제해결 역량을 키워야 한다. 경제 성장과 복지 실현이라는 두 마리 토끼를 잡으려면 잠재적인 인재 발굴과 유연한 작업 조직이 필요하다.

최근 유럽의 많은 국가독일, 핀란드, 영국, 네덜란드, 아일랜드 등가 이러한 목표 달성을 위해 국가적 정책 기조를 통해 프로그램을 시행하고 있는데, 이를 '일터 혁신' 이라고 통칭하고 있다.

넓은 의미에서의 일터 혁신은 일하고 싶은 일터를 만들어서 노동자의 생산성을 높이는 것을 말한다. '같은 기술이라도 동일한 효과가 있지 않으며, 작업 조직의 특성에 따라 다른 효과가 나온다' 는 논리에서 출발한다. 신기술 개발이나 신상품을 개발하는 기술 혁신을 의미하기보다는 작업조직이나 인적자원 관리의 변화를 도모하는 사회적 혁신을 강조한다.

일터 혁신은 청결, 정리정돈을 통한 안전한 일터를 만들기 위한 작업환경 개선과 같은 기본적인 부분은 물론이고, 품질관리 방식 개선, 공정 최적화, 중노령 인력을 배려한 작업공정 배치와 인적자원 관리 방식 개선 등과 같은 영역까지 포함하는 매우 광범위한 개념이다.

일터 혁신을 이루려면 노사 간 협력이 필요하다. 아직 우리나라는 노사협의회 제도가 있다손 치더라도 여전히 노동자 대표제로는 한계가 있다. 현장 중심의 노사 간 대화와 협의가 취약하므로 정부 주도의 일터 혁신 프로그램을 추진하는 정책이 필요하다. 그러면서 노사 관계 차원에서 기능을 제고하고 보완해가는 노력을 통해 노동자들의 참여 동기를 권장하면서 지속성 있는 혁신 역량을 마련해야 한다.

제도적으로 인프라를 구축해야 하는데, 일터 혁신-기술 혁신-산업 혁신을 서로 통합적으로 연계하여 추진해 나가는 정책이 필요하다. 현장에서 노동자들의 참여를 이끌어내기 위해 기업별 노사협의회 제도를 개선하고 노동자의 대표성을 강화해야 한다. 이렇게 이끌어낸 일터 혁신의 성과는 공정하게 배분하여 더욱 다양하고 정교하게 개발해 나가 일자리를 유지하고, 인력의 질을 높이는 데 투자하고 지원한다.

특히, 고령화된 인력 문제를 해결하기 위해 기존 인력의 참여와 혁신 동기를 최대로 끌어올리는 포용적인 일터 혁신 프로그램을 도모해야 한다. 포용적 일터 혁신은 기술혁신에 더불어 사회 및 조직 혁신 등과 같은 비기술적인 혁신을 포함한다. 더불어 혁신 주체들 간의 협력과 균형적인 성장을 추구한다.

좋은 품질의 제품을 생산하는 시스템을 구축하려면 노동자의 평생학습을 통해 시장이 요구하는 새로운 요구와 가치를 파악해야 한다. 이렇게 구현된 수익성은 결국 기업의 경쟁력이 되며, 노동자에게는 안전한 고용과 수입을 보장하고, 시장에는 가치 창출로 이어지는 선순환 구조를 이루게 한다.

일하는 방식을 개선하는 데만 치우치다 보면, 노동자의 동기 부여와 노사 협력을 이끌어내는 데 미약해진다. 노사가 서로 상생하며 지속성 있는 시스템의 구축을 위해서는 학습과 일을 병행하며 유기적으로 연계되어 생산성을 높이는 방식을 구축할 필요가 있다. 그러려면, 노동자의 장시간 노동시간을 줄이고 노동시간의 연장선에서 현장 학습이 이루어져야 한다. 노동시간을 유연성 있게 적용하여 노동자와 기업이 최소한의 노동력 투입시간으로 최대한의 생산성을 끌어올리는 짧지만 강하게, 유연하지만 탄력 있게 설계하여 운영해야 한다.

일터 혁신 추진과 평생학습 강화, 그리고 유연성 있는 노동시간 운영이 서로 밀접하게 연결되어 추진된다면 생산성 향상은 물론이고, 노동생활의 효율화까지 가져와 선순환을 기대할 수 있게 된다. 이렇게 추진하기까지 법과 제도 개선이라는 많은 난관이 있지만, 사업장마다 각기 다른 특성이 있는 것을 감안하여 정부가 적절히 개입하여 정책자금 지원은 물론이고, 일터 혁신을 위한 컨설팅을 현장 중심으로 적용하며 개별화를 해야 한다.

"

4차 산업혁명은 일자리 창출의 기회가 될 수 있지만, 일자리가 오히려 줄어들고 일자리의 질이 양극화될 수 있다는 경고도 간과해서는 안 된다. 더 좋은 일자리를 들기 위해서는 기존 직무 형태의 고부가치를 실현하고, 기술적 실업률을 최소한도로 낮춰야 한다. 또한, 점차 새로운 고용형태가 생겨남에 따라 이에 대비한 사회적 보호체계를 제공해야 한다.

"

07

다양한 노동 유형에 대한 표준화 신설

노동계약상의 다양한 노동 유형

노동 유형에는 정규직과 비정규직이 있다. 비정규직 노동자에는 기간제 노동자임시직, 촉탁직, 일용직, 파견 노동자, 시간제 노동자단시간 노동자, 파트타이머, 기타 특수한 고용형태의 노동자도급, 위탁, 용역, 재택 노동 등이 있다. 고용계약기간이 1년 이상은 상용직 노동자, 1개월~1년 미만은 임시직 노동자, 1개월 미만은 일용직 노동자로 구분한다. 그러나 법적으로는 지나치게 복잡하거나 세분화되어 있지는 않다. 단지, 계약직인가 아닌가, 단시간인지 종일인지, 직접 고용인지 간접 고용인지 정도로만 구분된다.

먼저, 노동계약에 따라 기간제 노동자비정규직와 기간의 정함이 없는 노동자정규직으로 구분한다. 노동계약 기간의 만료일이 정해져 있으면 기간제 노동계약이다. 알바, 파트타이머, 일용직, 수습, 시용, 촉탁과 같은 비정규직으로 노동계약 기간의 만료일이 정해져 있으면 기간제 근로계약에 해당한다. 특히, 진정한 의미에서의 일용직 노동계약은 노동계약 기간이 단 1일인 기간제 근로계약에 해당한다. 반대로, 노동계약 기간에 정함이 없으면 정규직 노동계약이다.

노동시간에 따라 단시간 노동자비정규직 혹은 통상 노동자정규직로 구분할 수도 있다. 노동시간이 길면 통상 노동자, 짧으면 단시간 노동자로 구분된다. 단시간 노동자란 상대적 개념으로 같은 사업장 내에 유사한 업무를 하는 다른 노동자에 비해서 소정노동시간이 짧으면 단시간 노동자에 해당한다. 보통 알바들이 기간제 단시간 노동계약의 형태를 취하는 경우가 많다.

계약 및 노동제공 상대방의 일치 여부에 따라 불일치파견노동계약 혹은 일치정규직로 구분한다. 주로 파견 노동계약과 관계가 있는데, 파견 노동계약의 가장 큰 특징은 노동계약의 상대방이 아닌 제3자에게 노동력을 제공한다. A에게 고용되었는데, 일은 B에게 제공하는 개념이다. 노동자가 B에게 간접적으로 고용되어 있는 형태인 반면에, 도급은 A에게 고용되어 A의 일을 하는데 그 일이 B라는 사람이 발주한 일이라 파견 관계와 겉모양은 비슷하다. 그래서 계약 당사자가 3명 이상 등장하는 경우에는 위장 도급과 관련한 문제가 발생하기도 한다.

노동 유형이 변하는 시대

4차 산업혁명 시대에 이르자, 블루칼라도 화이트칼라도 아닌, 정규직도 비정규직도 아닌 '뉴칼라', '무정형' 직업군이 속속 등장하고 있다. 정부가 추진하는 정규직화 등 일방적인 방식이 아니라 경계가 사라지는 노동 형태가 등장하면서 갈수록 노동조건, 노사관계에서 '표준화'라는 규범이 모호해지고 있다.

무정형 노동이 코로나 시대 및 4차 산업혁명 시대에서 새로운 표준이 되면서 유연한 노동 환경으로의 변화에 대응할 수 있는 다양한 연구와 정책이 필요하다는 지적이 일고 있다.

특히, 4차 산업혁명으로 기존 직무의 고부가가치화 등이 추진되면 기업이 원하는 인재를 프리랜서형, 더 나아가 무정형으로 고용할 것이다. 현장에서 필요에 따라 임시 계약을 맺고 일을 맡기는 형태의 이른바 '긱 경제gig economy, 초단기 계약노동 경제' 현상은 직무별·직종별로 더욱 세분화되고 있다. 이는 정규직, 파트타임제, 자영업 간 경계가 흐려지면서 '정상' 고용 기준 자체가 모호해져 무정형 노동 개념이 등장한 배경이 되었다.

긱 경제의 장점은 유연성에 있다. 누구든 원하는 시간 동안만 노동을 하고 돈을 벌 수 있다는 점에서 매력적이다. 그러나 긱 경제와 같은 초단기 아르바이트 형태는 오히려 노동의 질을 악화할 수도 있다는 데 한계가 있다.

4차 산업혁명은 일자리 창출의 기회가 될 수 있지만, 일자리가 오히려 줄어들고 일자리의 질이 양극화될 수 있다는 경고도 간과해서는 안 된다. 옥스퍼드 대학교의 마이클 오스본Michael Osborne과 칼 프레이Carl Frey 박사는 미국 일자리의 47%, 독일 일자리의 42%가 자동화로 인해 20년 이내에 사라질 것으로 전망했다. 고숙련과 저숙련 노동자의 고용률은 큰 변화가 없지만 단순 반복적이고 자동화되기 쉬운 중숙련 직업은 감소할 것으로 예견한 것이다.

일자리가 양적으로 확대될 수 있는지의 여부는 기존 일자리가 사라지는 속도와 새로운 일자리가 늘어나는 속도 간 경쟁에서 어떤 결과가 나오느냐에 따라 결정된다. 4차 산업혁명을 앞서 준비하고 있던 독일은 경제, 정치, 교육 정책 등을 분석했을 때, 디지털화에 속도가 붙을 경우 생산력이 급속도로 상승해 약 25만 개의 일자리가 증가할 것으로 내다보기도 하였다.

더 좋은 노동 유형의 창출

기업이 더 많은 일자리를 창출하려면 팩토리에 기반을 둔 '리쇼어링'과 블루칼라, 화이트칼라의 경계를 넘어선 '뉴칼라' 일자리의 확대가 필요하다. 리쇼어링reshoring이란 비용 등을 이유로 해외에 나간 자국 기업이 다시 국내로 돌아오는 현상으로, 기업의 생산기지 해외이전을 뜻하는 오프쇼어링off-shoring에 반대되는 개념이다. 스포츠 브랜드 아디다스는 독일 안스바흐에 '스피드 팩토리'를 건설하여 동남아시아와 중국으로 이전했던 공장을 본국으로 복귀시키면서 자국 노동자의 고용을 증대시켰다. 우리나라는 '해외 진출 국내 복귀 기업U턴 기업 지원제도'로 이를 추진하고 있다.

IBM은 학력과 상관없이 디지털 혁명 시대에 적응해 가는 인재를 '뉴칼라'로 명명하였다. 미국 IBM 본사에서 근무하는 임직원의 3분의 1을 이들로 채워 4차 산업혁명을 이끌 동력으로 삼고, 이들을 직접 양성하기 위한 'P테크 학교'를 설립하였다. 특히, 코로나19 시대에 새로운 직업교육 모델로 주목받으면서 인공지능, 데이터사이언스 교육 등을 받을 수 있는 온라인 교육 플랫폼을 무료로 제공해 높은 호응을 얻기도 하였다. 작년 11월에는 온라인 교육 플랫폼인 '오픈 P-테크'를 우리나라에 정식 출범시켰다. 100개 이상의 교육 모듈과 인공지능, 클라우드 등 28개 교육 모듈과 프레젠테이션, 협업, 대인관계, 문제 해결 등 다섯 가지 전문 콘텐츠를 한글로 제공하였다.

4차 산업혁명 시대에 더 좋은 일자리를 만들기 위해서는 기존 직무 형태의 고부가 가치를 실현하고, 기술적 실업률을 최소한도로 낮춰야 한다. 또한, 점차 새로운 고용형태기 생겨남에 따라 이에 대비한 사회적 보호체계 등을 제공해야 한다.

그러려면 새로운 기술을 받아들이고 접목하여 다양한 노동 유형을 인정하고 변화하려는 노력이 전제되어야 한다. 기업 내 원활한 노동 유형 이동을 통해 기술적 실업을 최소화시키고, 직무에 따른 인력 부족 현상을 예측하여 노동력 이동을 사전에 준비하는 시스템 구축도 고려해볼 필요가 있다. 프리랜서형 고용계약, 무정형 노동 증가에 따른 적합한 노동 조건과 근무 여건을 조성하여 노동자의 자기 선택 결정권이 최대한 보장되도록 사회적 보호장치가 필요하다.

무정형 노동이 코로나 시대
및 4차 산업혁명 시대에서
새로운 표준이 되면서
유연한 노동 환경으로의 변화에
대응할 수 있는 다양한 연구와
정책이 필요하다는 지적이
일고 있다.

"

노사 관계에서 개인정보보호법은 사용자
의 특성과 노동자의 인권 침해 가능성을
염두에 두고 만든 법률은 아니다. 그러나
노동 감시라는 우려를 떨칠 수 없는 내용
이 상당수 포함되어 있기는 하다. 노사 관
계라는 사업장에서의 특수한 사정을 고려
하면서도 노동 감시로부터 노동자의 권익
보호는 개인정보보호법과 통신비밀보호
법만의 시행으로는 부족하여 관계 법령의
개정이 필요하다.

"

08

노동자의 개인정보는 얼마나 보호받고 있을까

개인정보보호법 개요

현대 사회는 전 세계가 인터넷 하나로 이어지는 초연결사회로, 개인정보 보호는 매우 중요한 항목이다. 금융 및 통신사로 인한 개인정보 유출과 전화번호와 SNS로 인한 개인정보의 광범위한 누출과 무단이용으로 소송이 빈발하자 국회는 개인정보 보호법을 마련하였다.

개인정보보호법에 따르면, 개인정보를 처리하는 공공기관, 법인, 단체 및 개인은 법률에 정한 요건과 절차에 따라서만 개인정보를 수집, 이용, 제공할 수 있다. 개인정보보호법은 그동안 전자 노동감시에 대해 비판과 대안을 제시했던 국가인권위원회, 시민사회단체 및 노동단체의 실태 파악과 그것을 기초로 한 입법 활동의 결과물이기도 하다.

개인정보보호법에서 말하는 정보는, 살아 있는 개인에 관한 정보로서 성명, 주민등록번호 및 영상 등을 통하여 개인을 알아볼 수 있는 정보를 말한다. 해당 정보만으로 개인을 알아볼 수 없더라도 다른 정보와 결합하여 알아볼 수 있는 경우에도 법률에서 말하는 정보에 해당된다제2조. 개인정보는 적법하고 정당하게 수집해야 하며, 필요한 목적 범위 안에서 활용해야 하고, 개인정보는 안전하게 관리해야 한다. 뿐만 아니라 정보주체의 열람, 정정, 삭제, 처리 중지 요구권 등을 보장해야 하며, 익명 처리 등 사생활 침해를 최소화하는 방법으로 개인정보를 처리해야 하는 등 개인정보 보호 원칙도 마련되었다제3조.

한편 개인정보는 보유기간이 지나면 파기함을 원칙으로 하나, 파기하지 않고 보존해야 하는 경우에는 다른 정보와 분리하여 저장, 관리해야만 한다제21조. 그리고 민감정보, 즉 사상, 신념, 노동조합 및 정당의 가입이나 탈퇴, 정치적 견해, 건강, 성생활 등에 관한 정보, 그밖에 정보주체의 사생활을 현저히 침해할 수 있는 정보의 수집은 금지된다제23조.

영상정보처리기기CCTV와 관련해서는 특별한 정함이 있다. 법령에서 허용하는 경우, 범죄의 예방 및 수사에 필요한 경우, 시설 안전 및 화재 예방을 위한 경우, 교통단속을 위한 경우 등에만 설치가 가능하고, 목욕실, 화장실, 탈의실 등 사생활 침해의 우려가 있는 장소에는 설치가 금지되며, 설치에 관한 안내판 설치 등의 조치가 있어야 할 뿐만 아니라 설치 목적과 다른 목적으로 임의로 조작하거나 다른 곳을 비춰서는 안 되고 또한 녹음 기능은 사용할 수 없도록 했다제25조.

노동자의 개인정보 보호

사용자는 노동자를 고용하는 경우에 노동자가 일을 제대로 하는지 감독할 권한이 주어진다. 문제는 사용자가 노동자를 가장 확실하게 감독할 수단인 CCTV를 사용할 수 있느냐 하는 것이다. 개인정보보호법은 이에 대한 근거 규정을 두었다.

개인정보보호법 제15조는 사용자가 정보처리자인 경우에, 정보주체, 즉 노동자의 동의를 얻은 경우에 CCTV를 사용할 수 있음을 규정하고 있다.

문제는 제6호의 '정당한 이익'을 달성하기 위한 경우다. 사용자의 사업장이 예식장, 음식점이나 숙박업소 등에 범죄 예방 등의 목적으로 CCTV를 설치하는 것은 원칙적으로 허용된다. 최근 범죄 관련 실무에서 CCTV의 위력을 무수히 확인하였기에 부수적으로 노동자의 영상이 등장하는 것은 사회상규상 허용되는 위험의 범주에 속한다.

그런데, 사무실이나 공장 등 사업장 내의 노동자 외에 외부인의 침입을 쉽게 예상할 수 없는 경우 등에도 사용자가 정당한 이유를 근거로 CCTV를 설치할 수 있는가 의문이 든다. 따라서 노동계약서를 작성하거나 노사협의회, 또는 단체협약을 체결할 경우에는 사내 질서유지와 범죄예방, 나아가 노동자의 감시를 위하여 CCTV를 설치하는 것에 동의를 얻고 실행해야 한다.

노동 감시가 우려되는 개인정보보호법의 빈틈

사용자는 구직자와
노동자에 대한 개인정보를 노동법 준수를 위해, 직원의 고용과 훈련 및
인사 고과에서 참고하기 위해 수집한다. 또한, 개인의 안전과 인적 담
보 및 품질 관리, 그리고 고객 서비스와 자산 보호를 위해서 수집한다.

노동현장에서 전자감시를 할 때는 사용자가 각종 정보통신기술을
활용하여 사업장 안팎에서 노동자의 작업과정은 물론, 일상생활에 이
르기까지 각종 정보를 수집하여 저장하고, 전송하여 분석하는 모든 행
위 일체를 말한다. 이를 위한 기술적 장치를 전자감시기술, 그런 기술
을 업무 및 자원통제와 연계하여 통합 관리할 수 있도록 구축한 정보
시스템을 전자감시 시스템이라고 한다.

현재 사용되는 전자감시기술의 대표적 예로는 CCTV와 같은 영상
시스템, RFID 카드와 같은 IC칩 카드, 지문, 홍채, 정맥을 이용한 생체
인식기, GPS 기반의 위치추적시스템, 개인컴퓨터 로그인 기록과 전
화기록과 감청, 스마트폰 앱 등이 있고, ERP업무생산통합관리 시스템 등
도 포함된다.

개인정보보호법을 노동 감시에 적용하면, 다음과 같다.

사업장에서의 개인정보에는 성명, 주민번호뿐 아니라 전자감시로
얻어낸 정보는 포함되고, 또한 특정 프로그램이나 시스템을 활용하
여 여러 정보를 결합하여 개인을 알아볼 수 있는 정보도 개인정보에

해당된다. 따라서 그러한 정보는 이 법률에서 정한 원칙과 규정을 적용받는다.

사용자는 개인정보 수집에 동의를 구할 때 수집한다는 사실, 이용 목적, 수집 내용, 보유 또는 이용 기간, 그 동의를 거부할 권리, 그로 인한 불이익 등에 대해 밝혀야만 하고 개인정보 처리에 동의하지 않았다고 하여 재화 또는 서비스의 제공을 거부할 수 없다제15조, 제16조, 제22조.

사용자는 수집 목적 이외의 목적에 개인정보를 이용을 할 수 없으므로 예를 들어 출입 통제, 물품 도난 방지, 화재 예방 등 특정 장비의 설치 목적에서 벗어난 용도로 사용할 수는 없고, 사용하더라도 최소한의 범위 내에서 사용해야 한다. 또한, 사상이나 신념, 특정 정당 가입 등 민감한 정보를 수집할 수 없다.

영상정보처리기기CCTV는 특정 목적에서만 설치 가능하다. 특히, 노동조합 활동 등을 감시하기 위해 노조 사무실 출입 장소에 설치하거나 노조 활동이 이루어지는 있는 장소를 촬영하는 것은 모두 법률 위반이다.

노동자를 감시했을 때 입는 피해 유형으로는 인격적 모욕감과 수치심, 개인 사생활 침해, 정신적 스트레스 및 건강 악화, 노동 위축 및 처벌이나 차별, 해고나 징계 등과 같은 인사상의 불이익 등이 발생할 수 있다.

물론, 사용자의 재산권도 헌법 제23조가 보장하는 기본권에 해당한다. 기업의 기밀정보 또는 영업비밀 등은 무형의 재산권이다. 외부 침범에 따른 유출만이 아니라 노동자가 내부에서 유출하는 것도 사용자의 재산권을 침해하는 것으로, 사용자의 재산권 보호에 관해 부정경쟁방지 및 영업비밀보호에 관한 법률 등 개별 법률에 처벌 규정이 있다.

노사 관계에서 개인정보보호법은 사용자의 특성과 노동자의 인권 침해 가능성을 염두에 두고 만든 법률은 아니다. 그러나 노동 감시라는 우려를 떨칠 수 없는 내용이 상당수 포함되어 있기는 하다. 노사관계라는 사업장에서의 특수한 사정을 고려하면서도 노동 감시로부터 노동자의 권익 보호는 개인정보보호법과 통신비밀보호법만의 시행으로는 부족하여 관계 법령의 개정이 필요하다.

코로나와 개인정보

코로나의 확산에 따라 방역 및 확진자의 역학조사의 용이성을 위해 체육시설이나 음식점을 비롯한 대부분의 다중이용시설에서 방문자의 개인정보를 수집하는 출입기록을 작성하여 수집하고 있다.

방문자는 본인의 선택에 따라 전자출입명부인 QR코드 인증을 하거나 수기로 출입명부를 작성한다. 그런데 이렇게 작성된 출입기록이 안전하게 관리되고 있는지에 대해서는 여러 차례 의문이 제기되어 왔다.

QR코드 인증 방식의 경우 방문자에 대한 정보를 암호화하여 나눠서 보관하다가 확진자가 발생하면 방역 당국만 이를 확인할 수 있다. 정보가 타인에게 노출될 가능성이 낮으며, 수집된 개인정보는 4주 후 폐기되므로 일정 시간이 지나면 해킹에 따른 유출 우려도 적다는 평가를 받았다.

그러나 일부 사업장은 QR코드 방식을 적용할 여력이 없어 일종의 방명록을 준비하여 방문객이 주소지와 전화번호 등을 수기로 작성하고 있다. 이로 인해 방문자의 정보가 업주나 직원, 다른 이용객에 고스란히 노출될 수 있다는 우려가 있다. 업주가 4주 보관 후 폐기하라는 규정을 제대로 지키는지도 확인할 수 없고, 출입명부 관리 부실로 인해 범죄에 악용될 가능성도 크다. 실제로 텔레그램에서 '코로나19 출입명단'이라는 이름으로 사람들의 개인정보가 팔리는 사건도 있어 경찰이 수사 중이다.

코로나 확산 사태와 관련하여 개인정보 보호라는 관점에서 대표적으로 지적되어 온 문제는 다중이용시설 출입명부의 관리 부실로 인한 개인정보 유출 우려 외에도 확진자의 개인정보와 이동경로의 공개로 인한 사생활 침해 우려다. 또한, 휴대폰 기지국 접속 정보 등 방역당국이 확진자와 접촉자의 특정 과정에서 수집한 개인정보가 적절히 관리된 후 적시에 폐기되고 있는지에 대한 문제점도 생긴다.

코로나 확산 초기에는 확진자를 특정하여 예측할 수 있는 상세한 정보가 공개되면서 사생활 침해 논란 및 경제적 피해가 발생하기도 하였다. 그러자 현재는 역학조사 결과 접촉자 신원이 파악되지 않은 경우에만 동선을 공개하고, 모든 접촉자와 동선이 파악되거나 접촉자가 없을 경우에는 비공개를 원칙으로 한다.

특히 성별, 연령, 국적, 거주지 및 직업 등 개인을 특정하는 정보는 공개하지 않고, 동선이 모두 파악되면 14일 경과 시 모두 삭제한다. 확진자의 개인정보 보호를 위해서는 효과적인 방침이긴 하지만, 여전히 감시 시스템이라는 우려와 수집된 개인정보의 폐기 여부가 불분명하다. 만약, 앞으로 코로나 사태가 더욱 장기화되고 몇 년씩 이어진다면, 이렇게 수집된 개인정보가 어떤 식으로 보관되고 언제 폐기될지 우려스럽다. 국가적 재난 가운데 개인의 정보는 어디까지 보호되어야 할지 모두 함께 고민해봐야 할 숙제다.

노사관계라는 사업장에서의
특수한 사정을 고려하면서도
노동 감시로부터 노동자의 권익
보호는 개인정보보호법과
통신비밀보호법만의 시행으로는
부족하여 관계 법령의 개정이
필요하다.

"

어떠한 관점으로 미래사회를 보고 받아들
이느냐에 따라 다양한 미래 사회의 모습
을 예측할 수 있다. 확실한 것은, 자동화
로 인해 미래에서는 현재의 일자리가 상
당수 사라진다는 것이다. 이런 일자리에
맞게끔 교육된 획일화된 인력이 이렇게
사라져 가는 일자리와 함께 사라질 것인
지, 다양한 일자리를 찾아 창의적이고 유
연하게 인재계발을 할 것인지에 따라 우
리의 미래가 달라질 수 있다.

"

09

미래 사회를 위한 다양성 확보

끊임없이 변화하는 시대에 맞추어

1982년에 우리나라에 처음 연결됐던 인터넷은 처음에는 부정적 요소가 많아 지금처럼 보편화되기까지 시행착오가 많았다. 더구나 지금처럼 사회, 경제, 문화, 정치, 교육, 통신 등 모든 구조를 다 뒤바꾸리라고는 아무도 예상하지 못했다. 지금 인터넷은 일상에서 떼려야 뗄 수 없는 수단으로 자리 잡았고, 스마트폰은 글자를 모르는 어린아이에게도 친숙할 정도다.

인터넷의 후발주자인 블록체인도 유사하다. 이제 막 시작된 시기로 하루가 다르게 이슈가 넘쳐나고 있다. 앞으로의 일을 판단하기는 어렵지만, 한 가지 분명한 것은 블록체인 역시 인터넷처럼 사회, 경제, 문화, 정치, 금융 전반에 걸쳐 영향을 미칠 것이고 가속화되어 생활에 혁명을 줄 것이라는 점이다. 또한, 그에 따른 기회 역시 무한할 것이다.

인터넷이 등장하면서 생활이 엄청나게 편리해진 것처럼 블록체인이 가져올 생활의 변화는 상상 이상일 것이다. 정보를 전달하는 데 초점을 둔 3차 산업혁명의 기반이 인터넷이었다면, 블록체인은 정보를 공유하고 연결하며 가치를 전달하는 4차 산업혁명의 기반이 될 것이다.

4차 산업혁명은 로봇이나 기계가 자동화되는 데 그치지 않고 더 나아가 지능화되어간다는 데 있다. 수많은 데이터를 수치화하고 의미 있는 정보로 바꿔 인공지능이나 빅데이터, 사물인터넷과 같은 지능 데이터 기술이 블록체인과 결합하여 제품과 서비스를 연결하고 사물을 지능화하여 새로운 가치를 제공하게 될 것이다.

산업혁명은 새로운 기술이 등장하면서 혁신적인 기술로 인해 사회 및 경제적으로 큰 변화가 나타나는 현상이다. IT 기술에 따른 디지털 혁명과 플랫폼을 활용한 신규 서비스 시장이 개척되고 있고, 제조업에서 서비스업까지 전 분야에서 혁신이 일어나면서 4차 산업혁명은 이미 진행 중이다.

분리와 분업을 특징으로 했던 기존과 달리, 4차 산업혁명은 통합과 융합으로 빠르게 변하는 사회, 작은 공간에서 완결성이 강조되는 사회, 생산과 소비가 융합되는 사회로 변하고 있다.

비록 코로나19가 4차 산업혁명의 흐름에 중요한 변곡점이 되어 시동 걸린 스포츠카에 덜컥 제동이 걸려 멈춰진 것처럼 되긴 했지만, 이 위기를 통해 사회와 제도를 돌아보고 제도를 정비하는 기회로 삼았으면 좋겠다.

미래 사회를 보는 몇 가지 관점

언제부터인가 4차 산업혁명이라는 용어가 널리 통용되기 시작하더니 어느새 사회적 이슈의 중심으로 자리잡았다. 산업과 과학기술 분야에서는 말할 것도 없고 정치, 문화, 교육 등 사회의 전 영역에 걸쳐, 4차 산업혁명은 논의에서 빠지질 않는다.

'4차 산업혁명'을 정책화한 것은 2011년 독일의 '인더스트리 4.0'이다. 독일은 자국의 제조업 경쟁력 제고를 위해 혁신과 변화가 필요했다. 기존 산업과 ICT정보통신기술의 융합을 기본으로 하는 새로운 산업 모델을 정책적으로 추진한 결과가 바로 인더스트리 4.0이었다. 이후 미국을 중심으로 인공지능AI, 나노기술, 바이오테크놀로지, 로봇, 사물인터넷IoT, 3D프린팅, 블록체인 등 디지털 기술을 중심으로 한 미래기술이 비약적으로 발전했다.

4차 산업혁명의 전도사로 불리는 클라우스 슈밥이 의장으로 있는 WEF세계경제포럼에서 2016년 본격적으로 논의된 이후, 우리나라도 지난 대통령 선거에서 4차 산업혁명을 국가 차원의 미래 비전으로 삼은 문재인 정부 출범 이후 이러한 경향이 더욱 짙어졌다.

4차 산업혁명을 보는 관점은 기술이 변화하는 사회를 견인하며 압도하는 시대를 사는 우리에게 몇 가지 관점을 통해 미래 사회를 성찰하도록 요구하고 있다.

첫째는 인공지능의 발달이 생각보다 빠르지 않고 저조하여 생산성

5장 노동정책, 무엇에 주목해야 하는가?

분야에서 획기적인 혁신이 일어나지 않아 획일화된 소비와 생산이 유지되는 사회다. 이 사회에서 인간은 개성을 상실하여 오직 생계를 위해 일한다. 획일적 사회 구조에서는 낮은 생산성과 저임금 고용 구조가 유지된다.

둘째는 인간의 다양성과 창의성이 존중되는 인본주의 사회다. 인공지능을 인간이 지배하고 통제하며, 폭넓은 분야에서 인공지능을 활용해 인간의 개성을 발휘하는 사회로, 비록 생산성은 높지 않지만 서로 비슷한 소득 수준으로 인해 모두 열심히 일하며 복지가 잘 발달된 사회다.

셋째는 점차 발전되어 가는 인공지능과 기업으로 인해 다양한 사람들이 새로운 가치를 만드는 이상적인 사회다.

자동화로 인해 노동시간이 줄어 사람들은 자신의 적성과 개성을 발휘하며 일과 여가 시간을 즐긴다. 다양한 개성 속에서 새로운 일자리가 창출되며, 생산과 소비가 다각화되어 사회가 풍요로워진다.

넷째는 인공지능을 기업이 독점하여 이윤을 극대화하기 위해 자동화 생산체계가 만연하여 인간의 노동력이 점차 상실되는 사회다.

수직적 사회 구조와 획일화된 인재로 구성되고, 실업률이 증가하여 사람들의 불만이 크고, 극심한 양극화로 인해 소득 불평등이 심화된다. 사회 불안이 커져 공권력이 커지면서 사회 분열이 지속된다. 글로벌 자본력의 지배력이 강하고 시민성 역량이 약한 우리나라와 같은 국가가 이렇게 될 가능성이 높다.

어떠한 관점으로 미래사회를 보고 받아들이느냐에 따라 다양한 미래 사회의 모습을 위와 같이 예측할 수 있다. 확실한 것은, 자동화로 인해 미래에서는 현재의 일자리가 상당수 사라진다는 것이다. 이런 일자리에 맞게끔 교육된 획일화된 인력이 이렇게 사라져 가는 일자리와 함께 사라질 것인지, 다양한 일자리를 찾아 창의적이고 유연하게 인재계발을 할 것인지에 따라 우리의 미래가 달라질 수 있다.

4차 산업혁명을 주도할 세력

노동자에게 중요한 것은, 4차 산업혁명의 개념이나 특성보다는 그에 따른 변화가 삶과 가족에게 어떤 영향을 미칠지 하는 것이다. 4차 산업혁명으로 눈부신 미래를 너도나도 이야기하고 있지만, 앞으로 야기될 일자리 감소, 개인정보의 보안 문제 등과 같은 부정적인 이슈는 우려만 하고 있을 뿐, 크게 부각되지도 않고 실질적 대응책도 보이지 않는다.

1~3차 산업혁명은 경제를 폭발적으로 성장시키면서 고용이 확대되었지만, 4차 산업혁명은 필연적으로 일자리 이동과 파괴를 가져오게 되어 있다. 그렇다면, 어떤 일자리가 사라지고 소멸될 것인지, 노동 방식과 고용 관계의 변화, 여기에 맞춰 육성될 교육 시스템과 관련 제도

는 어떻게 개선해 나갈 것인지 구체적인 사안이 눈에 띄지 않는다.

4차 산업혁명으로 인한 노동의 변화는 단지 인공지능, 로봇 등과 같은 기술의 문제가 아니다. 혁명을 주도하고 개혁할 세력을 어떻게 만들 것인가의 관점에 따라 우리나라의 노동 시장도 시대에 걸맞게 탈바꿈될 수 있다. 과거 산업혁명에서 봉건적 농민을 근대 노동자와 시민으로 탈바꿈시키면서 시민 사회를 수립하는 경제적 기반으로 만들었듯이, 현대의 노동자도 탈바꿈이 필요하다.

특히, 정부는 과학기술을 기반으로 국민의 삶의 질을 높이는 데 필요한 기술 개발에 집중 투자해야 한다. 과학기술로 국가 혁신을 견인해 나갈 정책의 방향성을 잡고, 방향이 틀어지는 것을 막기 위한 전략적인 조직을 구성하여 실행시켜야 한다.

불안정한 노동 시장을 안정시키기 위해 사회적 대통합도 필요하다. 지금의 노사 관계는 한쪽으로 기울어진 운동장과 다름없다. 격차가 심한 임금 구조를 개선하고, 장기적인 계획을 수립하여 성공적으로 추진해 나가야 한다.

1997년 IMF 외환위기 극복과 국정 농단 사태로 인한 촛불 혁명 등 위기 때마다 보여준 놀라운 저력은 모두 국민에게서 나왔다. 세계 유일의 분단국가, 지정학적으로 러시아 · 중국 · 일본에 둘러싸여 이들을 견제하는 미국과의 외교 줄다리기, 일본의 반도체 수출 규제 및 독도 영유권 주장 등 우리나라는 매 순간마다 위기 뒤에 또 위기가 찾아

왔다. 언론은 연일 코로나19로 인해 경제가 위기에 처했다는 기사를 쏟아낸다.

그런데, 우리나라가 언제 위기가 아니었던 적이 있었던가?

자신의 권리와 이득만을 추구하는 과거의 세력은 이제 물러나고, 위기를 극복하고 경제 성장을 위한 공동의 선을 위해 무엇을, 어떻게 해 나갈 것인지 성찰할 때다. 그리고 이때 반드시 공공의 이익이 우선되어야 한다. 마냥 좋은 취지만으로는 부족하다. 악용될 가능성이 있는지, 피해를 보거나, 상대적 박탈감을 줄 여지가 있는지 노동자, 기업가, 교육자, 정부 당국을 포함하여 충분히 검증하여 우리나라의 산업 생태계에 맞는 방향으로 추진해야 한다.

66

직무급제를 도입한다고 해서 임금 격차와 사회 양극화가 해소될 것이라고 기대하기는 어렵다. 임금 체계를 특정 방식으로 바꾼다고 해서 임금 평등을 이룰 수 있는 것도, 임금 공정성을 높일 수 있는 것도 아니다. 직무급이 된다고 해서 '직무와 능력' 에 따라 보상받으며 다른 차별 요소가 사라지는 것이 아니다.

99

10

경쟁력 있는 임금정책 실현

임금 체계의 변화

1997년 IMF 경제위기 이후 구조조정이 본격적으로 시행되면서 연공제, 종신고용 등 전통적인 인력 관리 제도가 많이 약화되었다. 종신고용과 비슷한 정도의 고용 안정을 누렸던 사무관리직 노동자에게 평생직장의 개념이 사라지면서 사직과 정리해고의 가능성이 높아졌다. 기업은 외주로 맡길 수 있는 업무를 선별하거나 유연성이 높은 비정규직 노동자를 활용하는 경향이 많아졌다.

고용 유연성이 증가하고 종신고용이나 장기고용이 감소하면서 노동자의 연령에 따른 임금 상승에도 변화가 왔다. 연령과 근속기간에 따른 임금 상승은 기업으로서는 장기근속을 유도함으로써 기술 수준의 향상과 고용 안정을 정착하기 위한 방안이었다.

그러나 기업은 더 이상 노동자들의 장기근속을 유도할 이유가 없어졌다. 4차 산업혁명 시대에서 필요로 하는 분야에 따라 나이 든 경력자가 반드시 기술이 더 높은 것이 아니라, 오히려 젊고 새로운 지식을 갖춘 노동자가 더 높은 생산성과 창의성을 보이는 경우가 늘어났기 때문이다. 노동자 입장에서도 젊고 근속 기간이 짧다는 이유만으로 저임금을 받는 것을 거부하게 된 것이다.

고용 형태에도 변화가 왔다. 전통적인 고용의 기본 틀은 대체로 유지하면서 외주 노동, 임시 노동 등 비정규직의 비중을 크게 늘렸다. 기업이 정규직을 축소하고 필요한 노동력을 비정규직으로 충원하는 일이 늘어나면서 고용과 소득 안전성 면에서 저하되는 문제가 초래되었다.

비슷한 노동을 하면서도 정규직은 고용 안정과 우수한 노동조건, 고임금인 반면에, 비정규직은 불안정한 고용과 낮은 노동조건, 임금이 낮은 것이 일반적이다. 기업은 이중고용 정책을 통해 인건비를 절감하였는데, 이런 전략은 시장주의 원리에 기초한다기보다는, 정규직에 대한 정리해고는 강력한 고용보호 규제로 인해 현실적으로 쉽지 않기 때문에 노동조합의 세력의 약화를 꾀하고자 했던 데 있다.

공정한 임금 체계의 실현 가능성

현 정부는 임금 공정성을 강화하겠다며 직무의 가치에 따라 기본급을 정하고, 노력과 성과에 따라 차별화된 임금을 보상하겠다고 한다. 공정성을 강화한다는 뜻은, 기존 임금 체계가 공정하지 못했다는 뜻이다. 공격 대상은 바로 호봉제_{연공급제}에 있다. 호봉제는 근속이라는 연공 요소에 의해 임금이 보상되는 체계로, 오래 근무할수록 더 많은 임금을 받는다.

그동안 정부와 기업은 경쟁력 있는 임금 체계를 확보하기 위해 꾸준히 시도해 왔지만, 여전히 우리나라의 임금 체계는 호봉제다. 한국노동연구원의 결과에 따르면, 호봉제 비율은 65%를 넘는다. 저성장 시대일수록 호봉제는 적합하지 않은 시대착오적인 임금 체계라고 할 수 있다. 일자리 창출과 임금 격차로 인한 불평등 해소를 위해서도 바람직하지 않다.

특히, 호봉제에서는 정규직과 비정규직과 같은 고용형태, 대기업과 중소기업과 같은 기업 규모에 따라 격차는 더 벌어진다. 아무리 임금 체계의 65%가 호봉제라고 하지만, 이점은 대기업이나 공직자들만 누릴 수 있지, 비정규직과 중소기업 노동자에게는 해당 사항이 없다.

그렇다면, 공정한 임금은 어떤 체계를 말하는 걸까?

같은 일을 수행하면 같은 임금을 받아야 한다. 이런 취지에서 직무를 수행하는 데 있어 나이, 근속연수, 성별, 고용형태 등과 관계없이 동일한 임금을 받는 체계가 공정하다고 주장한다. 공정한 임금은 업무 수행 능력과 노력, 성과에 따른 기여도가 기준이 되어야 한다. 능력이나 노력과 관계없이 한 자리에 오래 앉았다고 임금을 똑같이 주거나, 더 주는 것은 평등하지도, 공정하지도 않다.

박근혜 정부 때부터 합리적 입금체계 개편 매뉴얼에서 직무급제를 제시했다. 그뿐 아니라 비정규직 종합대책안에서도 비정규직 차별의 근원적 해소 방안으로 직무성과급제의 확대 도입을 제시했다. 문재인 정부는 박근혜 정부가 추진한 임금체계를 강한 연속성으로 이어가고 있다.

그러나 이전 정부든 현 정부든 호봉제를 폐지하고 직무급제를 도입하려는 가장 중요한 이유는 임금 억제에 있다. 호봉제는 정년 연장까지 된 상황에서 매년 자동으로 임금이 오르면 기업들의 부담이 커진다. 호봉제는 직무 성과나 가치에 연연하지 않고 오직 근속연수만 따지기 때문에 사용자는 이러한 인상에 제동을 걸고자 한다. 직무급제를 도입하면 임금상한선으로 인해 임금 상승을 억제하기가 쉬워진다. 따라서 공공기관의 노동자들은 직무급 도입이 확대되면 승진 가능성이 줄고 임금 상승이 어려워져 불리해진다.

직무급제를 도입하려는 또 하나의 목적은 무기계약직으로 전환된 공공부문 비정규직 노동자들이 정규직의 임금을 넘지 못하게 하는 데 있다. 무기계약직이 되면서 비정규직 노동자는 기존 정규직과 차별 없는 대우를 원하지만, 정부는 이들에게 새로운 임금체계인 표준임금모델로 대응했다.

표준임금모델은 무기계약직 전환자인 청소, 식당, 경비, 시설관리, 사무보조 등의 노동자들에게 적용될 직무급제인데, 가장 낮은 직무 등

급의 월급을 최저임금 수준에 맞추고 있다. 15년 걸려 최고 단계로 승급해도 1단계의 임금보다 고작 10% 더 받을 수 있을 뿐이고, 30년을 일해도 9급 공무원 1호봉의 급여 수준을 넘지 못한다.

따라서 직무급제는 낮은 직무 등급에 속한 노동자가 저임금에 고착되어 매몰되기 십상인 임금 체계다. 정부는 직무급제가 고용 형태, 기업 규모, 성별에 따른 차별에서 불평등한 임금의 격차를 해소하는 공정한 대안이라고 주장한다. 하지만, 표준임금모델은 직무급제가 차별 해소가 아니라 차별을 정당화하는 방안이라는 것을 알 수 있다.

최근 '광주형 일자리'의 임금에서 이런 문제가 적나라하게 드러났다. 광주형 일자리는 공정한 임금 체계를 내세우면서 추진되었는데, 초임 연봉이 2,100만 원에서 시작된다는 점이 폭로되면서 논란이 커졌다. 현대·기아차 평균 연봉은 9,000만 원 수준이고, 초임은 4,000만 원인데, 완성차 공장 노동자의 임금이 최저임금이라니, 모두가 분노를 금치 못한 것이다.그렇다면, 직무 '중심'이 아닌 직무 '가치'를 두고 임금에 차등을 두면 공정할까?

직무 가치를 평가하자면 사용자 입장에서는 자본주의 상식에 따라 부를 창출하는 직무일수록 최고의 가치로 인정될 것이다. 그러나 사용자의 속셈은 노동자로 하여금 적은 돈으로 더 많은 일을 시켜 더 효과적으로 노동력을 착취하는 데 있다. 거기에서 창출된 성과와 부는 노동자의 것이 아니라 사용자의 것이다.

노동자는 자신이 일한 가치만큼 직무를 평가받기도 힘들다. 직무 평가가 과학적이고 객관적이라고 보기에는 어떤 기준으로 점수를 부여하는지 정확한 기준이 없다. 평가자의 주관적 판단으로 결과가 좌지우지될 것이 뻔하다. 평가가 사용자의 관점에서 이루어질 텐데 애당초 공정성을 기대하기란 난망하다.

또한, 평가자는 남성 중심보다 여성 중심의 직무를 낮게 평가하고, 정신적인 노력이 드는 직무보다 육체적인 노력이 드는 직무를 더 낮게 평가하는 경향이 있다. 사회에 있어 필수적이고 중요한 일이라고 여겨지는 필수 노동이지만, 값싼 대우를 받는 필수 노동자들의 직무 가치 또한 낮게 정해지고 있다. 따라서 직무급제를 도입한다고 해서 임금 격차와 사회 양극화가 해소될 것이라고 기대하기는 어렵다. 임금 체계를 특정 방식으로 바꾼다고 해서 임금 평등을 이룰 수 있는 것도, 임금 공정성을 높일 수 있는 것도 아니다. 직무급이 된다고 해서 '직무와 능력'에 따라 보상받으며 다른 차별 요소가 사라지는 것도 아니다.

경쟁력 있는 임금 체계를 확보하려면

노동시간과 임금 체계에 대해 유연성 있는 사고가 필요하다. 임금은 노동자의 기본 생계비다. 물가 상승에 따른 기본 생계비를 보장하면서 성과급제, 연봉제와 같은 비율을 고려하는 방법으로 임금의 유연성을 높인다. 임금형태를 사람보다 직무에 두고 보너스와 개인 인센티브에 개별화를 둘 것인지, 직무보다 사람에 두고 숙련의 중요성과 가치를 따져 집단 보너스 형태로 제공할 것인지 등 논의가 필요하다. 사용자는 인건비 부담의 가중을 줄이고, 노동자는 퇴직 후에 생계 불안에서 벗어날 수 있도록 법정 퇴직금 제도를 기업연금 제도로 전환해 가는 것도 고려해야 한다.

코로나가 확산되면서 비교적 빠른 시간에 다양한 노동 형태가 자리 잡았다. 이에 대응하기 위한 제도를 정비해 나가야 한다. 자택 노동, 시간제 노동, 파견 노동 등 유연 노동시간제선택적, 재량 간주 노동시간제 등를 도입하는 기업이 늘어야 한다. 유연 노동시간제는 노동시간의 배치, 결정 등을 노동자의 선택에 맡겨 업무의 효율성 및 유연성을 제고시킨다는 장점이 있다.

재택근무와 같은 스마트워크 방식 또한 코로나 확산으로 인해 새로운 업무방식으로 부각되고 있다. 스마트워크는 자택이나 별도의 공간에서 정보통신기기를 이용하여 근무하는 형태를 말한다. 즉, 시간과 장소에 구애받지 않는 유연한 근무 방식으로 기업 입장에서는 효율성을 높이고, 유능한 인재를 확보할 수 있으며, 비용 절감 및 고객 만족도를 높일 수 있다. 노동자로서도 일과 삶의 자유로운 조화를 꾀함으로써 삶의 만족도를 높일 수 있다. 새로운 근무 방식일수록 시범적으로 운영하기 시작하므로 노동관계법령을 새로이 적용해야 한다. 다만,

사업장에 통근하는 일이 없어짐에 따라 통근수당이나 급식비의 조정이 필요해진다.

근무시간 조정은 기업이 효율적으로 인력을 사용하고 노동자는 자율적인 노동시간을 배분함으로써 양쪽 모두에게 만족도를 높일 수 있다. 호봉제 임금 체계도 효율성을 높여 능력급으로 개선해나감으로써 연령에 따른 전통적인 임금 상승을 지양해야 한다. 그렇게 하면, 기업은 중고령자의 임금 지급 부담에서 벗어나 조기 퇴출을 줄여나갈 수 있고 계속된 고용을 촉진할 수 있다는 장점이 있다.

노동시장의 유연화에 따른 경쟁력 있는 임금 체계를 확보하려면, 노동 시장 주체들이 어떤 절차와 방향으로, 어떤 방식으로 대응하면서 문제를 해결해나갈 것인가에 있다. 고용하는 노동자 수에는 한계가 있고, 내부 노동시장에서는 정규직 및 계약직과 같은 이중적인 고용 형태에도 한계가 있다. 이를 극복하기 위해 임금 유연화와 기능적인 유연화를 동시에 병행하며 균형을 이루는 전략이 필요하고, 적정 수준의 노동시장 규제로 노동 환경을 개편해나가는 바람직한 방향으로 유도해 나가야 한다.

그러나 정규직에 대해 지나치게 엄격한 고용 보호 규제 속에서 기업은 선택할 수 있는 범위가 매우 좁다. 정규직에 대한 과보호장치는 개선될 필요가 있는데, 이를 위해서는 정규직 중심의 노조 구조를 개선하는 것이 우선되어야 할 것이다.

임금조정을 위한 절차와 사례

임금은 노사가 노동계약, 취업규칙, 단체협약을 통해 자유롭게 의사소통을 하면서 결정하여 조정한다. 매년 임금이 인상되어 왔지만, 코로나의 유행으로 적잖은 산업 분야가 피해를 입음으로써 '임금삭감, 임금동결, 임금반납' 과 같은 임금 조정으로 노사가 함께 어려움을 견디고 있다.

노동조건의 핵심 중 하나인 임금은 노사가 상호 협의해야 하며, 일방적으로 회사가 임금을 삭감하면 무효가 된다. 임금인상이 아닌 임금의 삭감, 동결, 반납은 노동자에게 불리한 변경 조건이므로 이를 위해서는 적법한 절차가 필요하다.

임금동결은 매년 호봉승급이나 근속수당의 임금인상 요인이 있을 때 임금삭감과 같은 효력이 있어 집단의 동의가 필요하다. 그러나 호봉 승급 없이 기존 임금과 동일하게 지급하는 경우에는 집단의 동의가 필요 없다. 임금반납은 이전 노동에 대한 대가로 발생한 임금으로 개별 노동자들의 동의를 받아야 한다. 개별 동의가 아닌 집단 동의만 받으면 임금 체불이 된다.

1. 임금인상 및 임금삭감

임금인상은 노조의 집단적 교섭으로 이루어진다. 매년 임금은 인상해왔고, 원만하게 인상되지 않을 경우, 노조는 파업을 통해 임금인상 협상을 한다. 코로나 위기와 같이 회사가 곤란에 처한 경우에는 임금삭감도 가능하다. 노조가 사업장의 과반수로 구성되어 있으면 비조합원도 사업장 단위의 일반적 구속력에 의해 노조가 체결한 임금인상 및 삭감과 같은 동일한 임금조정안을 적용받는다. 노조가 없는 사업장에서 임금인상은 취업규칙이나 근로계약을 변경하는 방법으로 조정하고, 임금삭감은 노사 간 협상을 통해 합의한다.

임금삭감은 기본급이나 각종 수당을 축소하거나 폐지하면서 총임금지급액을 낮추는 것으로 집단적 의사결정 방식으로 정한다. 단, 노사가 합의하였어도 최저임금 수준 이하로 삭감할 수는 없다. 또한, 노동기준법에서 정한 할증률이나 지급의무를 규정한 법정수당연장/야간/휴일노동수당, 주휴수당, 연차수당 등은 감액대상이 아니다.

▶ 위법한 임금삭감 사례
회사가 경영 위기 상황을 극복하기 위하여 직원을 대폭 감축하면서 회사에 잔류한 직원들에 대하여 일방적으로 상여금 지급을 중지하였고, 회사에 잔류한 노동자들이 그와 같은 조치에 관하여 별다른 이의 없이 근무하여 왔다는 사정만으로는 노동자들이 장래에 발생할 상여금 청구권을 포기하였다고 볼 수 없다대법원 1999. 6. 11. 선고 98다22185 판결.

2. 임금동결

임금동결은 같은 노동을 제공하는데 같은 임금을 종전처럼 지급하는 것으로 임금인상을 하지 않더라도 정기 호봉 승급이 있는 회사에서 승급을 제한하는 경우에는 단체협약이나 취업규칙의 불이익 변경을 통해서 임금동결을 할 수 있다.

인사규정에 따르면, 정기승급을 매년 1월 1일과 7월 1일에 실시하는데 일률적으로 호봉 승급을 하여 왔다면 이는 임금지급과 관련하여 관행이 성립된 것이다. 이때 노동자의 집단적 의사결정 방식에 따른 적법한 절차를 거치지 않고, 사용자가 일방적으로 정기 승급을 동결하였다면 각 노동자별 정기 승급이 이루어지는 달의 임금 정기 지급일에 정기승급으로 인하여 가산되는 임금이 전액 지급되지 않은 것으로 본다.

▶ 위법한 임금동결 사례

학교가 재정적 어려움에 시달리던 중 피고인은 신학기 교무회의에서 교사들에게 사정을 설명하고 올해는 호봉 인상은 하되 일반 학교 교사들의 본봉을 기준으로 하는 기본급본봉 인상은 동결하자고 제의하였고, 그 자리에 참석한 교사들은 이에 대하여 아무런 이의를 제기하지 않았다. 이와 같이 사용자인 피고인이 참석한 상태에서 기본급의 동결을 제의하여 이에 대한 교사들의 의견을 묻는 방식으로 회의가 진행되었고 이에 대해 교사들이 이의를 제기하지 않았다고 하여 노동자들의 동의가 있었다고 볼 수는 없다대법원 2005.6.9. 선고 2005도1089 판결.

3. 임금반납

경제 위기를 맞거나 사업장의 특수한 사정이 있어 경영이 매우 어려운 상태에 놓일 수가 있다. 이때 노동자가 사업장의 어려움을 인식하고, 자구책의 일환으로 임금의 반납을 결의하여 이행할 경우가 있다. 노동자의 이러한 행위는 경영을 정상화하여 사업의 폐지나 경영상 해고를 예방함으로써 고용의 안정을 도모한다는 차원에서 이루어진 것으로 반드시 부정할 일은 아니다.

구체적으로 지급 청구권이 발생하기 이전에 임금채권을 포기하는 약정은 효력이 없다. 그러나 이미 지급 청구권이 발생한 임금은 사적인 재산이므로 노동자에게 처분의 권한에 맡겨져 있으므로, 노동자는 진정한 의사로 이를 포기할 수 있다.

임금반납은 제공한 노동에 대해 이미 발생한 임금을 개별 노동자의 자유의사에 따른 동의를 바탕으로 반납하는 것을 말한다. 반드시 임금청구권의 포기와 같은 적법한 절차를 통해서만 반납이 가능하다. 사용자의 일방적인 임금공제는 임금의 전액 부지급 원칙을 위반하기 때문에 개별 노동자의 서면동의가 필요하다.

특히, 퇴직금 청구권의 포기는 근로기준법 위반이 되어 무효가 된다. 합당한 절차를 밟기 위해서는 개별 노동자의 동의서가 필요하다. 임금반납은 개별 노동자의 자유의사에 기초할 때만 유효하므로 반드시 개별 노동자가 임금반납의 취지를 인식하고 반납동의서를 개별 명의로 작성해야 한다.

단체협약에 의한 임금반납 합의는 효력이 없다. 임금반납은 이미 조합원 개인에게 귀속된 임금에 대한 것이므로 노동조합이 조합원 개인의 재산권을 포기하도록 권할 수 없기 때문이다. 노동자가 반납한 임금은 자진 반납한 것으로써 사용자는 반환할 의무가 없다. 다만, 반납된 임금도 평균임금 산정에 포함된다. 반납된 임금은 일단 노동자의 소득으로 귀속되었다가 반납한 임금채권이기에 평균임금 산정에 포함해야 한다.

▶ 위법한 임금반납 사례

대구ㅇㅇ회사는 2020년 4월 코로나로 인해 고통 받는 대구시민 돕기 성금을 내기로 노사협의회에서 결정하고, 직원들에게 통보한 후 개인별로 10,000원을 공제하여 기부하였다. 이에 대해 최근에 생긴 신설 노동조합은 노동자들의 개별 동의 없이 임금을 공제하였기 때문에 이는 근로기준법 제43조(임금지급 원칙)을 위반하였다고 회사를 대구노동청에 고소하였다. 회사는 이에 대해 개별 노동자들의 동의를 요청하였으나 50% 정도밖에 동의하지 않아 개별 동의서를 제출하지 않은 노동자들에게는 공제된 임금을 반환하여야만 했다대구노동청은 행정해석 [근기 68207-843, 1999.12.13.]과 같이 위법한 임금반납으로 판단함.

"

노동을 말로만 존중한다고 하지 말고, 그에 맞는 정책을 구축하여 노동이 존중되는 사회를 실현해야 한다.

"

노동의 가치는 존중되어야 한다

조선시대 한양에서 골칫거리는 인분과 쓰레기 처리 문제였다. 예덕
선생穢德先生은 이를 해결해주는 한양의 은인이었다. 이들이 없었다면
한양은 오물투성이였을 것이다. 연암 박지원은 한문소설 〈예덕선생
전〉에서 예덕선생을 일러 말했다.

"누군가 꼭 해야 할 일이 질서다. 그는 질서를 실천하는 군자君子다."

마틴 루터 킹 목사는 암살 직전인 1968년 멤피스 테네시에서 파업
중인 쓰레기 노동자들에게 역설했다.

"쓰레기 청소부들이 쓰레기를 제대로 줍지 않으면 병이 창궐하게 될
것입니다. 결국 청소 노동자의 역할이나 병을 고치는 의사의 역할이나

똑같이 중요합니다. 따라서 모든 노동은 동일하게 존엄합니다."

코로나로 모든 사람이 삶과 의료, 경제 부문에서 크나큰 타격을 입었다. 특히, 사회 전체가 거리두기에 들어가고 비대면 일상이 길어지면서 대면 현장에서 노동을 계속해야 하는 사람들의 중요성과 취약성에 대한 논의가 이어졌다는 점은 환영할 만한 일이다.

누군가는 다른 많은 사람들을 위해 간호와 치료 현장에 몸을 던져야 하고, 음식이나 생필품을 집까지 배송해야 한다. 또 누군가는 유아, 아동, 청소년, 노인 등 감염에 취약한 사람들을 돌봐야 한다. 사실 이들은 늘 우리 곁에 있어 왔지만 평소에 잘 드러나지 않았을 뿐이다. 코로나는 이들의 중요성과 가치가 얼마나 소중한지 깨닫게 해주었다.

코로나의 여파로 필수 노동자가 부각되었다. 사회가 재난 상황에서도 정상적인 기능을 유지하려면 필수 노동자가 필요하다는 사실을 깨달은 것이다. 우리 사회는 이러한 노동자가 없으면 마비되어 혼돈에 빠진다. 필수 노동자 지원에 대한 논의는 코로나 피해가 심각한 미국과 영국이 사회적 거리두기로 일상이 멈추는 경험을 하게 되면서다. 사회가 정지됨으로써 정지되지 못한 노동을 비로소 보게 된 것이다. 미국에서는 이들을 필수노동자Essential worker, 영국에서는 핵심 노동자 Key worker라는 새로운 이름으로 부르고 처우 개선에 나섰다.

우리나라에서 필수 노동자에 대한 논의가 활발해진 것도 같은 깨달음에서 연유한다. 의료인의 과로와 탈진, 택배 노동자의 과로사, 배달 노동자의 사건사고, 돌봄 노동자와 콜센터 노동자의 감염 등이 문제로 드러나기 시작하면서부터다. 우리는 코로나 재난을 경험하면서 얼마나 많은 필수 노동자의 수고에 의존해왔는지 깨닫게 되었다. 사회적 거리두기는 코로나 시대를 살아가는 데 유일하게 성공한 대책이다. 이러한 거리두기를 가능하게 해준 건 필수 노동자가 있었기 때문이다. 이 노동자들의 노동 핵심에는 돌봄과 연결이 있다. 감염병으로 사람이 병들어 죽고 사회가 멈춰도, 누군가에게 돌봄은 없어서는 안 되는 노동이다.

필수노동자는 국가적 재난이 발생한 경우에도 국민의 생명과 신체를 보호하고 사회적 기능을 원활하게 유지하기 위해 업무를 지속적으로 수행하는 노동자다. 재난의 위험이나 규모에 따라서 다르지만, 정부가 정한 필수 노동자는 돌봄 노동자, 간호사, 버스기사, 공동주택관리원, 청소원 및 환경미화원, 택배 및 배달업 종사자 등의 대면 노동자들로 재택근무가 불가능해서 물리적으로 반드시 일터로 나와야 하는 직업군이다.

재난 상황에서 노동 강도와 산업재해 위험이 높지만, 원활한 사회적 기능 유지를 위해서는 대면 업무를 지속해야 한다. 그러나 고용 안정성과 임금, 근무 여건이 취약하다는 공통점을 갖는다. 현장에 있는 필수 노동자의 노동환경을 보면 보수 수준이 낮고, 장기간 격무에 시달리며, 부족한 휴식시간에 쫓기는 노동자가 대부분이다. 이들이 수행하는 업무의 수고로움에 비하면, 노동 가치에 대한 평가와 인식이 낮다.

특히 필수 노동자는 업무 성격상 한 곳에 머무는 것이 쉽지 않아서 노동조합을 결성하기가 현실적으로 힘들고 권리 보호의 사각지대에서 목소리를 낼 창구조차 없는 경우가 많다. 노동자가 가만히 있는데, 사회가 알아서 대책을 마련해주는 경우는 별로 없다. 노조가 목소리를 내고 대책을 촉구해야만 정부와 관련 업계가 점검하고 대책을 마련하기 때문이다.

또한 코로나로 인해 일이 늘어나 부담을 받는 노동자와 일이 없어 생계에 타격을 받은 노동자로 나뉘고 있다. 전체 345만 명에 달하는 간접고용 노동자 중 많은 사람에게는 해고 폭탄이, 사회적 기능 유지를 위해 필요하다고 판단된 의료·배송·돌봄 노동자에게는 일 폭탄이 터졌다. 코로나로 직접 물건을 사러 나가지 못해 배송 물량이 늘자, 택배기업들은 불황 속 호황을 맞이하며 웃음 지었지만, 택배 노동자들은 늘어난 물량 때문에 과로에 시달렸다.

필수 노동자라는 이름부터 아이러니한 부분이 있다. '필수'라는 용어에 걸맞은 처우를 받지 못하고 있다는 점이다. 게다가 필수 업무를 한다는 이유로 아파도 쉬지 못하고, 부당함에 맞서 파업도 제대로 할 수 없다. 대중교통 운수업자가 파업한다는 소식이 들리면 출퇴근길 불편함을 호소하며 부정적인 이미지를 덧씌울 뿐, 이들의 부당한 처사까지 세밀하게 들여다보지 못했다. 현재 이들은 감염의 공포, 고된 업무 강도, 낮은 업무 안정성, 그리고 낮은 사회적 평판으로 위태롭기까지 하다.

정부는 사회 공동체를 유지하기 위해 필요한 업종은 무엇인지 개념화하여 지정해야 한다. 그동안 무시되어 열악한 환경에 시달려온 노동 업종을 찾아내어 노동환경 안정을 위해 적극 나서야 한다. 현 정부는 지난 어느 정부에서도 없 '노동 존중'을 슬로건으로 내걸고 출범했다. 그러나 노동을 말로만 존중한다고 하지 말고, 사회에서 저평가된 노동까지 제대로 평가하여 그에 맞는 보상을 받도록 해야 진정한 노동 존중이라고 할 수 있다.

노동의 존엄성은 단순히 노동자들의 처우를 개선하고 보수를 더 제공하는 경제적인 정책으로 회복할 수 있는 가치가 아니다. 존엄성을 회복하려면 필수 노동자들이 몸과 마음으로 수행하는 모든 노동이 디지털 산업만큼이나 우리 사회를 떠받치고 있다는 사실을 인지하고 그들의 수고로움과 공로를 존중하는 데서부터 시작하는 게 아닐까.

나가며

배움은 어떻게 내 것이 되는가

박성일 지음
212쪽 | 16,000원

독서로 말하라

노충덕 지음
240쪽 | 14,000원

독한 시간

최보기 지음
248쪽 | 13,800원

놓치기 아까운
젊은날의 책들

최보기 지음
248쪽 | 13,000원

걷다 느끼다 쓰다

이해사 지음
364쪽 | 15,000원

공부유감

이창순 지음
252쪽 | 14,000원

베스트셀러
절대로 읽지 마라

김욱 지음
288쪽 | 13,500원

책속의 향기가
운명을 바꾼다

다이애나 홍 지음
257쪽 | 12,000원

직장 생활이 달라졌어요

정정우 지음
256쪽 | 15,000원

4차산업혁명의 패러다임

장성철 지음
248쪽 | 15,000원

리더의 격 (양장)

김종수 지음
244쪽 | 15,000원

숫자에 속지마

황인환 지음
352쪽 | 15,000원

당신이 생각한 마음까지도 담아 내겠습니다!!

책은 특별한 사람만이 쓰고 만들어 내는 것이 아닙니다.
원하는 책은 기획에서 원고 작성, 편집은 물론,
표지 디자인까지 전문가의 손길을 거쳐
완벽하게 만들어 드립니다.
마음 가득 책 한 권 만드는 일이 꿈이었다면
그 꿈에 과감히 도전하십시오!

업무에 필요한 성공적인 비즈니스뿐만 아니라 성공적인 사업을 하기 위한
자기계발, 동기부여, 자서전적인 책까지도 함께 기획하여 만들어 드립니다.
함께 길을 만들어 성공적인 삶을 한 걸음 앞당기십시오!

도서출판 모아북스에서는 책 만드는 일에 대한 고민을 해결해 드립니다!

모아북스에서 책을 만들면 아주 좋은 점이란?

1. 전국 서점과 인터넷 서점을 동시에 직거래하기 때문에 책이 출간되자마자 온라인, 오프라인 상에 책이 동시에 배포되며 수십 년 노하우를 지닌 전문적인 영업마케팅 담당자에 의해 판매부수가 늘고 책이 판매되는 만큼의 저자에게 인세를 지급해 드립니다.

2. 책을 만드는 전문 출판사로 한 권의 책을 만들어도 부끄럽지 않게 최선을 다하며 전국 서점에 베스트셀러, 스테디셀러로 꾸준히 자리하는 책이 많은 출판사로 널리 알려져 있으며, 분야별 전문적인 시스템을 갖추고 있기 때문에 원하는 시간에 원하는 책을 한 치의 오차 없이 만들어 드립니다.

기업홍보용 도서, 개인회고록, 자서전, 정치에세이, 경제 · 경영 · 인문 · 건강도서

모아북스
MOABOOKS   문의 0505-627-9784

노동정책의 배신

초판 1쇄 인쇄 2021년 07월 09일
2쇄 발행 2021년 07월 15일

지은이　　김명수
발행인　　이용길
발행처　　**모아북스**
　　　　　　MOABOOKS

관리　　　양성인
디자인　　이룸

출판등록번호　제 10-1857호
등록일자　　1999. 11. 15
등록된 곳　　경기도 고양시 일산동구 호수로(백석동) 358-25 동문타워 2차 519호
대표 전화　　0505-627-9784
팩스　　　　031-902-5236
홈페이지　　www.moabooks.com
이메일　　　moabooks@hanmail.net
ISBN　　　　979-11-5849-148-2　03300